Thimothée Andjoubai

Éducation adventiste:

Thimothée Andjoubai

Éducation adventiste:

une résonance pour un avenir meilleur

Éditions Croix du Salut

Imprint
Any brand names and product names mentioned in this book are subject to trademark, brand or patent protection and are trademarks or registered trademarks of their respective holders. The use of brand names, product names, common names, trade names, product descriptions etc. even without a particular marking in this work is in no way to be construed to mean that such names may be regarded as unrestricted in respect of trademark and brand protection legislation and could thus be used by anyone.

Cover image: www.ingimage.com

Publisher:
Éditions Croix du Salut
is a trademark of
Dodo Books Indian Ocean Ltd. and OmniScriptum S.R.L publishing group

120 High Road, East Finchley, London, N2 9ED, United Kingdom
Str. Armeneasca 28/1, office 1, Chisinau MD-2012, Republic of Moldova, Europe
Printed at: see last page
ISBN: 978-620-6-17062-4

Éducation adventiste : une résonnance pour un avenir meilleur

ANDJOUBAI Thimothée

DÉDICACE

À ma très chère mère,
TEWOULNÉ Ruth

REMERCIEMENTS

À DIEU,

Tout-Puissant Créateur de tout l'univers,

Au ministère de la Jeunesse Adventiste du septième jour,

Au ministère des publications adventistes,

Au pasteur/évangéliste Bahanak Guillaume,

Pour la documentation et soutiens multiples,

Au Professeur pasteur Etounghé Anani Patrict,

Administrateur secrétaire exécutif de l'Union de l'Afrique Centrale,

Auteur et conférencier international,

Pour avoir accepté préfacer ce livre.

PRÉFACE

Dans un monde en perpétuelle mutation, où les défis éducatifs et sociaux se multiplient, l'éducation adventiste se distingue par sa vision holistique et son engagement envers le développement intégral de l'individu. Dans son ouvrage intitulé "Éducation adventiste : une résonnance pour un avenir meilleur", le Dr ANDJOUBAI Thimothée nous invite à explorer les fondements et les principes qui sous-tendent cette approche éducative unique.

Ce livre est bien plus qu'une simple analyse des méthodes pédagogiques adventistes ; c'est un appel à repenser notre manière d'éduquer et de former les générations futures. À travers des réflexions profondes et des exemples concrets, l'auteur met en lumière l'importance d'une éducation qui ne se limite pas à l'acquisition de connaissances, mais qui vise également à cultiver des valeurs spirituelles, éthiques et sociales.

Le Dr ANDJOUBAI, fort de son expérience et de sa passion pour l'éducation, nous rappelle que chaque élève est un potentiel à découvrir et à nourrir. Il nous encourage à envisager l'éducation comme un moyen de transformation personnelle et collective, capable de résonner au-delà des murs des salles de classe et d'influencer positivement nos communautés.

En parcourant ces pages, le lecteur sera amené à réfléchir sur le rôle crucial de l'éducation adventiste dans la construction d'un avenir meilleur. Que ce soit pour les éducateurs, les parents ou les décideurs, ce livre offre des perspectives précieuses et des outils pratiques pour intégrer les principes adventistes dans le processus éducatif.

Je vous invite donc à plonger dans cet ouvrage inspirant, à en tirer des enseignements et à vous engager dans cette noble mission d'éduquer avec sagesse, compassion et vision. Ensemble, faisons résonner l'éducation adventiste pour bâtir un avenir empreint d'espoir et de promesses : Bien sûr ! quelques avantages du livre "Éducation adventiste : une résonnance pour un avenir meilleur" par Dr ANDJOUBAI Thimothée :

1. Approche holistique de l'éducation : Le livre propose une vision intégrée de l'éducation qui prend en compte non seulement le développement intellectuel, mais aussi le bien-être spirituel et moral des élèves. Cela permet de former des individus équilibrés et responsables.

2. Réflexion sur les valeurs : L'auteur met en avant l'importance des valeurs chrétiennes dans le processus éducatif. Cela peut aider les lecteurs à comprendre comment ces valeurs peuvent influencer positivement la société et contribuer à un avenir meilleur.

3. Perspectives innovantes : Dr ANDJOUBAI Thimothée offre des idées novatrices sur les méthodes d'enseignement et d'apprentissage, ce qui peut inspirer les éducateurs à adopter des pratiques plus efficaces et adaptées aux besoins des élèves d'aujourd'hui.

Ces avantages font de ce livre une ressource précieuse pour ceux qui s'intéressent à l'éducation et à son impact sur la société.

Professeur Pasteur Etounghé Anani Patrict, administrateur secrétaire exécutif de l'Union de l'Afrique Centrale, auteur et conférencier international

TABLE DES MATIERES

INTRODUCTION

Le présent ouvrage dont le titre est intitulé « Éducation adventiste : une résonnance pour un avenir meilleur », par son enseignement et ses illustrations, tente de relever le système des valeurs axiologiques adventistiques jalonnées par les substrats biblico-prophétiques. Il explore les différentes qualités adventistes enseignées à la jeunesse dans le but de sa formation efficiente. La lecture de cet ouvrage définit clairement le type d'éducation qui doit être offerte à la jeunesse pour former les hommes et les femmes qui répondent au besoin du monde présent. Cette analyse prouve que nul n'est condamné à l'échec et que chacun peut à travers une interconnexion étroite avec Dieu atteindre la paix intérieure, jouir d'une meilleure santé physique, morale, émotionnelle, spirituelle et profiter des élévations sociétales. Il montre également que la jeunesse qui met Dieu à la base est celle qui est remplie de joie, des succès et des satisfactions. Les analyses et expériences qui s'y trouvent peuvent être extraordinaires de prime abord, reposent sur les témoignages bibliques, scientifiques et les visions prophétiques tirées des écrits d'Ellen White.

Le monde se porte de mal en pire sur le plan éducationnel et les maisons se trouvent d'un coup dévaster suite à une éducation toxique excluant totalement la crainte de Dieu. Cependant, ce livre propose les mesures qui nous permettent de se relever et d'aller de l'avant -apporter de l'espoir d'un lendemain meilleur et un avenir prospère-, les jeunes façonnés par la lumière des Saintes Écritures peuvent être différents, intègrent et prospères.

Il est regrettable qu'il y ait tant de jeunes gens de notre génération qui se laissent terrasser par les difficultés, les épreuves et les défis de leur milieu de vie. Alors que les vérités sacrées exaltent le soutien de Dieu face à n'importe quel obstacle de la vie. Grâce à certaines méthodes que je propose tout au long de ce livre, il vous sera possible grâce à l'obéissance totale à Dieu d'accéder à des grandes cimes et préserver votre bonheur et bien-être malgré les obstacles. Ce livre nous apprend comment combattre et vaincre avec Dieu tout en s'appuyant sur les expériences pertinentes des héros de la foi.

La résonance de l'éducation adventiste de la jeunesse sous-entend étaler les qualités et valeurs qui constituent le fondement de l'éducation de la jeunesse adventiste. Cette éducation visant à former les jeunes hommes et filles intègres pour illuminer les ténèbres de ce monde. C'est le type d'hommes qu'Ellen White (1976 : 55) révèle dans l'un de ses ouvrages prophétiques, *Éducation* par ces mots : «Aujourd'hui le monde a surtout besoin d'hommes, non pas d'hommes qui puissent s'acheter ou se vendre, mais d'hommes qui soient fidèles et honnêtes jusque dans l'intimité de leur âme, d'hommes qui ne craignent pas d'appeler le péché par son nom et dont la conscience est aussi fidèle aux devoirs que la boussole l'est au pôle, d'hommes qui tiendraient pour la justice et la vérité même si l'univers s'effondrait ».

Il s'agit simplement d'un manuel qui nous fait entrer en contact avec les qualités adventistes réputées dans la formation de caractère christiquement pertinent, écrit dans le but de connaître une vie heureuse avec Christ, satisfaisante et pleinement riche des succès au bout des épreuves transcendées. Je crois fermement à ces principes et témoignages éprouvés exprimant la garantie d'une existence réussie avec Christ comme Suprême Maître. Je propose de les présenter ici d'une manière subtile, logique et compréhensible, pour que les lecteurs puissent, grâce à la lecture des Saintes Écritures et la pratique de ses conseils, se forger, Dieu aidant, le genre de vie et type d'homme auquel ils aspirent profondément.

La lecture des pages qui suivent et la mise en pratique de ses enseignements, pourra changer et améliorer votre comportement. L'utilisation des méthodes bibliques et les secrets prophétiques de cette dame vous permettra de modifier radicalement votre vie actuelle et de maîtriser les difficultés de la vie au lieu d'être découragé par elles ; vos relations avec les autres s'amélioreront ; vous serez plus dépendant de Dieu et il vous fera découvrir un merveilleux bien-être inconnu de vous jusqu'ici ; et goûter aussi pleinement la joie de vivre selon les orientations divines.

Si j'affirme avec certitude que l'application de ces conseils donne de tels résultats, c'est que je témoigne de la véracité des témoignages bibliques et la présence divine manifestée dans la vie de Joseph, Daniel et autres dont leur caractère a été fondé sur les règles spirituelles. J'évoque donc les conseils d'Ellen White (1968 : 98) dans *Messages à la jeunesse* : « Imiter Daniel, ce fidèle homme d'État aucune tentation ne parvient à corrompre. Ne décevez pas celui qui vous a aimé au point de donner sa vie pour effacer vos péchés : "Sans moi vous ne pouvez rien faire" ». Il ne s'agit pas ici des fables ni de la chimère à caractère purement théorique et fabuleux, mais des principes prouvés, irréfutables que leur application est le gage d'une vie réussie. Les enseignements présents dans ce livre se cristallisent en une méthode biblique et scientifique, quoiqu'édifiants, permettent de forger un caractère selon la volonté de Dieu et acquérir un mode de vie qui facilite la construction d'une société meilleure et d'un bonheur plus élevé. Ces principes énoncés ne sont pas de moi, mais qui nous ont été donnés par la plus grande école du Maître de tous les temps, école de Jésus-Christ.

L'auteur

Chapitre 1 : Une éducation de valeur supérieure pour un monde meilleur

1.1. De l'apparence physique comme élément de l'éducation adventiste

Dans toutes les époques, les jeunes ont toujours marqué l'histoire par leur potentialité et détermination remarquable. Certaines valeurs enseignées par les écrits de l'église adventiste du septième jour s'avèrent probantes et produisent de l'admiration vis-à-vis de leur résonance dans la vie pratique des jeunes. Sans toutefois être contraire aux vertus bibliques, la considération de l'apparence physique et la culture d'une alimentation saine constituent des modèles de vie adventiste.

1.1.1. Les soins du corps humain

Le corps humain est la partie palpable et physique de l'être humain. Chaque corps humain a besoin de soins essentiels pour son épanouissement physique, émotionnel et spirituel. Les enseignements adventistes recommandent aux jeunes de prendre soin de leur corps. La propriété ou l'esthétique ne s'oppose pas aux mœurs. En prenant soin de son corps, on accomplit une œuvre salutaire pour son être tout entier. Le corps est la créature de Dieu confié à l'homme pour en faire bon usage dans le service de son Créateur. Dieu a des considérations pour le corps humain. C'est pour cette raison que l'apôtre Paul déclare dans 1 Corinthiens 6 : 11 « Ne savez-vous pas que votre corps est le temple du Saint-Esprit qui est en vous, que vous avez reçu de Dieu, et que vous ne vous appartenez point à vous-même ? ». Cette interrogation rhétorique exprime clairement la sacralité du corps humain bibliquement parlant. L'expression «ne savez-vous pas » sous-entend que beaucoup de personnes ne connaissent pas la valeur de leur corps ni sa portée spirituelle. Nombreux sont les jeunes et personnes âgées jouant avec leur corps bien étant des chrétiens ignorant son état sacré. Au-delà de l'apparence physique, le corps humain est le temple du Saint-Esprit. Et donc, un élément à prendre au sérieux.

Le corps humain subit au quotidien plusieurs menaces à travers l'alimentation malsaine et des pratiques d'immoralités. Le soin du corps ne se limite pas seulement aux belles tenues vestimentaires, aux parfums somptueux et aux repas enrichissants, mais également à la parure intérieure -la spiritualité-. Le corps dépossédé du Saint-Esprit est une masse vide sans valeur, sans guide et sans puissance. L'expression métaphorique « Votre corps est le temple du Saint-Esprit » présume la pertinence du corps humain comme étant la résidence du Saint-Esprit. Le corps humain étant le temple de Dieu vivant devra être gardé irrépréhensible, loin des souillures de toutes sortes ; il mérite le respect parce que Christ nous a racheté au prix du sang.

Ces instructions bibliques sont inscrites dans le curricula des formations des jeunes adventistes pour leur bien-être en général. Les études bibliques témoignent que nos corps ne nous appartiennent pas et nous n'avons pas le droit de le détruire par la prise des drogues et d'impudicité de peur d'être détruit par Dieu lui-même. C'est dans le même sillage que l'apôtre Paul déclare que « Les aliments sont pour le ventre et le ventre pour les aliments ; et Dieu détruira l'un comme l'autre. Mais le corps n'est pas pour l'impudicité. Il est pour le Seigneur et le Seigneur pour le corps ».

1.1.2. L'alimentation saine comme mode de vie adventiste

Faisant référence à l'essentiel de l'alimentation saine, Dieu dit à travers le Prophète Moïse dans Genèse 1 : 29 **:** « Je vous donne toute herbe à graines sur toute la surface de la terre, ainsi que tout arbre portant des fruits avec pépins ou noyau : ce sera votre nourriture ». Dès l'origine du monde, Dieu a tout dévoilé concernant la ration alimentaire tant vanter par les nutritionnistes. L'alimentation équilibrée, enseignée par la science tire son fondement de la recommandation divine. Connaissant les valeurs nutritionnelles des différents aliments et les besoins du corps humain ; Dieu donne à l'homme une alimentation saine constituée essentiellement des fruits et céréales. Les études adventistes abondent des conseils pertinents sur la santé en plaçant l'alimentation saine comme un facteur important de la santé et la longévité. Plusieurs études scientifiques du 21e siècle démontrent que la plupart des maladies proviennent d'une mauvaise alimentation. Une alimentation saine est favorable à la santé et à la prévention des maladies. C'est la thèse que soutient Clémency Mitchell (2013 : 92) :

> Il s'agit d'une alimentation faite de féculents non raffinés, riche en fruits et légumes,
> très peu d'aliments traités. De même qu'une alimentation inadéquate en dommage

les tissus et provoque des maladies, ainsi une nourriture saine qui écarte des produits d'origine animale qui font du tort, les fécules raffinées, et les gras traités initiera le processus d'inversion des dommages et de retour à la normale, aidant à la prévention des maladies chroniques.

Le régime alimentaire plus sain entre en droite ligne avec les enseignements bibliques et valeurs que défend l'Église adventiste du septième jour. Ce régime essentiellement végétarien est composé des féculents non raffinés riche en fruits et légumes que démontre Clémency Mitchell, remonte à l'alimentation saine donnée par Dieu à Adam et Eve depuis le jardin d'Eden. Dieu étant le Maître, Créateur de l'univers et de tout ce qui existe connais le corps humain et les différentes agressions et complications sanitaires qui peuvent affecter l'organisme.

Les recherches scientifiques recommandent avec acuité pour tous les âges, un régime végétarien qui favorise une vie saine et qui prévient aussi les maladies dégénératives et favorise la longévité. Dans la même perspective, Mitchell (2013 : 93) affirme que « De même qu'une alimentation incorrecte engendre des lésions tissulaires et morbides, ainsi une nutrition saine favorise la correction et la guérison des dommages corporels ».

En somme, l'alimentation équilibrée ou correcte ou régime végétarien est un grand remède pour l'organisme. Cependant, une alimentation incorrecte est une source de diverses maladies. Il y a Dieu à la base de toute science humaine, parce qu'il est le Créateur de toutes existences et sciences.

Adventistement parlant, la santé humaine et la longévité sont aussi au commande de ce qu'on mange et boit. Chacun est libre de manger ce qu'il veut, mais chacun sera obligé de subir les conséquences de son alimentation incorrecte. C'est au soin de chacun de choisir son style alimentaire, mais Dieu nous a donné dès le commencement un régime alimentaire plus sain.

1.2.   Des valeurs axiologiques-morales-

Dans cette sous partie, nous examinerons brièvement les valeurs axiologiques, c'est-à-dire de valeurs qui se rapportent aux vertus morales. L'Église adventiste à travers le mouvement de la jeunesse sous-tend promouvoir les valeurs axiologiques bibliquement recommandées pour la cohésion pacifique de la vie en société.

Le vocable « axiologique » dérive du grec « axia » qui signifie valeur ou qualité. En philosophie, ce mot renvoie à la science des valeurs morales, une théorie des valeurs ou une branche de la philosophie qui s'intéresse au domaine des valeurs. La transmission des valeurs humaines est le credo du ministère de la Jeunesse adventiste qui est visible dans les fondamentaux de ses enseignements. Dès les bas âges, les enfants sont formés dans le **club des aventuriers** qui encadre les enfants de la prématernelle jusqu'à la 4e année, c'est-à-dire, les enfants compris entre 4 et 9 ans. Ces valeurs axiologiques sont au centre de l'éducation des jeunes adventistes de l'enfance jusqu'à l'âge adulte. La loi du club des aventuriers démontre à suffisance les idéaux de la jeunesse adventiste du septième jour qui sont à la base biblique et éthiquement pertinents pour l'éducation et la formation intégrale de l'être humain :

1-Être obéissant ;	6-Être attentif ;
2-Être pur ;	7-Être serviable ;
3-Être loyal ;	8-Être joyeux ;
4-Être aimable ;	9-Être prévenant ;
5-Être respectueux.	10-Être révérencieux.

La présente loi est constituée de dix (10) valeurs axiologiques qui sont des qualités et valeurs humaines visant à façonner le caractère des jeunes adventistes pour leurs offrir une meilleure éducation possible. Ces valeurs sont en même temps, des compétences qui sont transmises pour une formation optimale des jeunes en vue de leur élévation pluridimensionnelle, ainsi que pour leur insertion socioprofessionnelle. Suivant ce cheminement, les jeunes gens pourront recevoir des valeurs humaines et devenir des personnes dont la société ou le monde a le plus besoin. Cette loi s'inscrit dans le cadre de la résonance des vertus humaines et significatives dans la construction de l'harmonie, du vivre ensemble pacifique et de la culture de la paix durable.

1.2.1. Le respect pour les parents et aînés

Les jeunes ont besoin d'une meilleure éducation pour façonner leurs caractères. L'éducation familiale et chrétienne participent de manière significative à la construction des caractères et comportements chez les enfants. Le prophète Moïse en rapportant la loi de Dieu affirme : « Honore ton père et ta mère, afin que tes jours se prolongent dans le pays que l'Éternel, ton Dieu, te donne » (Exode 20 : 12). Le cinquième commandement recommande formellement le respect pour les parents. De même, le cinquième commandement de la loi des aventuriers répète ce même principe qui doit être observé envers les parents, et par extension envers les aînés.

La résonance de la jeunesse adventiste a toujours un fondement biblique comme dans loi de clubs des aventuriers. Ces principes sont enracinés dans la loi de Dieu. La finalité de cette formation est calcée sur le caractère de Dieu qui sont copulatifs aux valeurs axiologiques. La société a besoin des jeunes respectueux, honnêtes et véridiques afin de faciliter les franches collaborations et le dynamisme du développement.

De nos jours, nombreuses sont des familles qui vivent dans une relation brisée à cause des comportements des enfants irrespectueux. La désobéissance aux parents regorge des conséquences désastreuses. Le cinquième commandement est particulier en ce sens qu'il est accompagné de la promesse de longévité. Si le taux de mortalité juvénile est très élevé d'aujourd'hui, cela devrait amener les jeunes à réfléchir et examiner leur vie par rapport au cinquième commandement de Dieu. Décrivant la responsabilité des parents, d'autre part Willie et Elaine Olivier (2018 : 41) soutiennent : « Lorsque les parents forment les bases du développement sain et positif de la vie de leurs enfants, ces derniers auront les meilleures chances de devenir des gens que Dieu veut qu'ils soient. Vos enfants pourront faire de bons choix face aux décisions difficiles ; ils ne seront pas facilement influencés par les opinions des autres ».

1.2.2. Le culte du travail comme facteur de l'éducation réussie

Le travail est une valeur humaine très importante et réputée dans une société qui se veut émergente et prospère. Tout homme qui mange et qui a des besoins et projets doit travailler durement. Selon Voltaire : « Le travail éloigne de nous trois grands mots : l'ennui, le vice et le besoin ». Dieu le Créateur de l'univers a travaillé durant six jours et s'est reposé le septième jour après avoir créé tout ce qui existe (Exode 20 : 11).

Le culte du travail est omniprésent dans la pédagogie éducative adventiste relève une emphase décisive sur cette valeur divinement pertinente. Dieu lui-même a montré l'exemple à travers son œuvre créatrice qui témoigne avec aplombe la finalité du travail dans la vie humaine. Toutes les entreprises et les société industrielles prônent le culte du travail excellent en vue de hausser la productivité et la création des richesses. Le mouvement de la jeunesse adventiste promeut le culte du travail par les programmes de formation aux différents corps de métiers. Les distinctions que les jeunes arborent sur leur tenue est la preuve de cette dynamique. Les différentes formations au sein du Ministère de la Jeunesse aident à développer chez les enfants le culte du travail. Le travail est le pilier du développement, aucun pays dans le monde ne peut se développer avec des jeunes paresseux. Toutes les nations du monde comptent beaucoup sur les jeunes pour son développement, parce que les jeunes ont la vigueur et s'ils sont bien formés et orientés ; ils peuvent capitaliser leur potentialité au service de leur pays.

Les enseignements adventistes condamnent fermement la paresse et vantent le culte du travail en inculquant aux tout-petits la culture du travail et de la compétence comme moyen de réussite. Condamnant avec acuité la paresse, Evina Mendomo (2023 : 31) déclare que « Le paresseux n'a aucun objectif et par conséquent, rien ne guide sa vie. Il n'a rien à attendre et si tel est le cas, il trouvera toujours des raisons de ne pas fournir d'efforts dans une activité donnée ». Cette vérité résonne constamment dans les qualités adventistes dispensées par le mouvement de la jeunesse adventiste. Le travail est un vecteur du succès.

Somme toute, le culte de travail fait partie des valeurs axiologiques que chacun individu doit cultiver pour son bien-être. La paresse est l'ennemi du bonheur de l'homme : « Le paresseux ne rôtit pas son gibier, mais le précieux trésor d'un homme c'est l'activité » (Pr 12 : 27).

1.2.3. L'esprit de groupe depuis les origines de la jeunesse adventiste

Dès la naissance de l'Église adventiste du septième jour, les jeunes ont développé la compétence de l'unité et ont mis sur pied en 1879, un **Mouvement Volontaire,** ce mouvement prend son essor dans une petite église de Hazelton au Michigan et fut organisé sous l'impulsion de deux jeunes : Haru FENNER et Luther WARREN. Au regard du dynamisme et l'œuvre missionnaire abattu par ce mouvement dans les différents champs missionnaires, en 1907 la Conférence générale de l'Église Adventiste du septième jour a décidé de transformer ce mouvement en département des jeunes missionnaires volontaires. Ce département est devenu de nos jours le Ministère de la Jeunesse adventiste.

L'esprit de groupe se faisait ressentir dans la vision globale de jeunes adventistes depuis l'origine de cette l'église. Ces deux jeunes étaient des pionniers de ces valeurs axiologiques qui sont restées pérennes dans les enseignements adventistes. Le monde a le plus besoin des jeunes entreprenants, des jeunes ingénieux et visionnaires, capables de marquer leur histoire.

Seul dans la vie on est vulnérable, mais en groupe on est en sécurité. L'esprit d'équipe est une valeur sociale recherchée par toute organisation humaine. Au commencement de chaque société bien organisée et réussie, il y a toujours des valeureux hommes et femmes qui ont posé les jalons. Être jeune ne veut pas dire être petit d'esprit comme pense les autres, mais il y a des jeunes grands d'esprit et de sagesse grâce à la qualité de leur éducation qui a été modulée par les Saintes Écritures. La jeunesse adventiste bénéficie aujourd'hui du fruit de labeur de ces deux jeunes qui ont tracé le chemin depuis plus de deux siècles. En analysant la question de la préparation d'un avenir meilleur, Evina Mendomo (2023 : 31) soutient que « Beaucoup de jeunes gens pensent aujourd'hui qu'il leur est impossible de réussir dans la vie, à cause d'un manque d'éducation, n'ayant pas inclus des réalités d'un monde à venir ».

En effet, les valeurs axiologiques axées sur la promotion de l'esprit d'unité sont visibles dans le principe organisationnel de la jeunesse adventiste. Ceci traduit son identité mobilisatrice et évangélisatrice. Le dynamisme de la jeunesse adventiste puise sa force dans les qualités de l'organisation structurelle et la planification de programmes diversifiés. Être un jeune leader et ambitieux n'est que le fruit d'une bonne éducation donnée à la base par les parents. Les réactions des jeunes expriment plus souvent le rendement de ce qu'ils ont reçu de leur environnement, comme dit un vieil adage : « Un poisson qui vient d'une eau empoisonnée n'est pas bon à manger ». Une meilleure éducation prépare les jeunes à un meilleur avenir. Cependant, les parents doivent pleinement assumer leurs responsabilités en montrant l'exemple à suivre :

> Les parents doivent laisser leur valeur être vu et entendu. Selon le vieil adage « Nous devons non seulement pratiquer ce que nous prêchons, mais aussi prêcher ce que nous pratiquons ». Les enfants ont aussi bien besoin de nos paroles que de nos actions. Pour avoir un impact maximum, nous devons non seulement leurs enseigner les valeurs, mais aussi, ils doivent connaître des raisons et les croyances qui soustendent ces valeurs. Les parents doivent guider, instruire, écouter et conseiller.
> (Willie et Elaine, 2018 : 38 - 39).

1.3. De la spiritualité comme une semence enterrée de l'éducation adventiste

La résonance axiologique de l'éducation adventiste émane de fondement biblique qui se cristallise dans les enseignements et documents officiels de l'église. La spiritualité apparaît comme source principale des valeurs humaines que défendent les adventistes du septième jour. Le ministère de la Jeunesse adventiste se milite à travers des programmes de formation en vue de transmettre et sauvegarder ces valeurs, afin de les léguer à la génération future.

Bien que plusieurs vertus sociales soient enseignées dans les écoles et communautés ecclésiales, mais pour l'appropriation optimale de ces valeurs, il faut faire de ces dernières des sceaux et des identifiants uniques et identitaires. Globalement, les résonances axiologiques formant le socle de l'identité adventiste se regroupent en quatre catégories comme suit :

1) Valeurs sociales

– La droiture

– La coopération

– La justice sociale

– Le respect pour les autres

– Le sens de la responsabilité

– Le respect pour la dignité du travail.

2) Valeur se rapportant à l'individu

– La véracité

– L'honnêteté

– La fidélité

– La discipline

– La tolérance

– Le désir de se perfectionner

3) Valeurs se rapportant au pays et au monde

– Le patriotisme

– Le civisme pacifique

– La coopération internationale

– La fraternité humaine

– L'indépendance des nations

4) Valeurs de processus

– L'approche scientifique de la réalité

– Le discernement

– La recherche de la vérité

– La réflexion

La transmission d'une éducation de qualité passe par l'enseignement de systèmes de valeurs. Par contre, l'instruction passe à travers l'enseignement des disciplines scolaires au programme comme les langues, les mathématiques, l'histoire, la philosophie, la sociologie, la chimie et autres. Ces quatre catégories de valeurs axiologiques citées ci-haut sont omniprésentes dans le curricula de formation de la jeunesse adventiste, ainsi que dans les études de l'école du sabbat.

Si la spiritualité est à la base d'une éducation, les jeunes bénéficiaires de cette formation seront des modèles et des personnes dont la société récoltera les bénéfices. Dans la même perspective de loi de semence : « Dieu ne permet pas qu'on se moque de lui. Chacun récoltera ce qu'il a semé. Si quelqu'un sème c'est qui plaît à ses désirs mauvais, il récoltera ce que ses désirs produisent, c'est-à-dire la destruction. Mais s'il sème ce qui plaît à l'Esprit Saint produit, c'est-à-dire la vie avec Dieu pour toujours » (Galates 6 : 7-10).

La semence enterrée des qualités humaines adventistes passe par la spiritualité comme la base de toute éducation et formation, ainsi que résonne de même la crainte de l'Éternel comme le commencement de la sagesse.

1.3.1. Dieu à la base des toutes les résonances adventistes

Les vertus et qualités adventistes dérivent directement des Saintes Écritures inspirées aux hommes par Dieu à travers le Saint-Esprit. La Parole de Dieu est la semence enterrée des bons caractères et du système de valeurs présentes dans les pratiques religieuses adventistes. Toute chose sans Dieu ne peut avoir de succès, mais quand il y a Dieu dedans, tout devient possible et excellent. Ceux qui marchent selon les principes divins sont positifs et sociables par rapport à ceux qui ne les respectent pas du tout. La crainte de Dieu est la modélisatrice des caractères humains sollicités dans la société de tout temps.

Malencontreusement, beaucoup de ceux qui se disent chrétiens ou enfants de Dieu n'accordent pas une place de choix à Dieu malgré les leçons distillées par les périples programmes d'études. Cette situation présente entrave le processus de la généralisation de systèmes de valeurs adventistes au-delà de sa communauté ecclésiale. Nombre sont des jeunes qui traînent encore le pas, d'où l'appel de retour à la source afin que la semence puisse germer et produire les fruits dignes de la repentance.

Si Dieu est à la base d'une éducation ceux qui sortiront de cette école refléteront de comportement calqué à l'image de Christ. C'est pourquoi, les documents adventistes sont inspirés des Saintes Écritures et sont destinés à l'édification de ses fidèles dans tous les domaines de la vie. À titre d'illustration d'*Hymnes et louanges* (2018 : 90) exprime la mission évangélisatrice des chrétiens en ces vers poétiques :

Semons dès que brillent l'aurore,
semons dès que le soleil luit,

> pendant le jour semons encore,
>
> semons avant la sombre nuit…
>
> semons ! Dieu seul peut faire éclore ;
>
> De lui seul attendons le fruit.
>
> Ah ! répandons la divine semence.
>
> Dans le succès comme dans le mépris,
>
> le jour se lève et la moisson s'avance,
>
> et Dieu, là-haut, nous réserve le prix.

En analysant les deux strophes de ce cantique *Hymnes et louanges* de l'Église adventiste, on perçoit clairement que ce cantique de louanges a pour base les Saintes Écritures. Le personnage lyrique compositeur de cet hymne poétique a de prime à bord, lu la Bible avant d'écrire ces vers poétiquement religieux. Ces deux strophes sont extraits de cantique *Hymnes et louanges* numéro 208. La première strophe est constituée de six vers monosyllabes et la deuxième est formée de quatre vers décasyllabes.

Poétiquement parlant, sur le plan formel, la rime visible à la fin de chaque vers de ces deux strophes renvoie à la rime croisée (ABAB) qui rime sans doute avec la semence divine. Ici, le poète exploite le passage biblique afin de transformer les paroles divines en hymnes de louanges. Il s'agit en principe d'une réécriture poétique de passage biblique exprimant ainsi un grand désir de semer en tout temps la « divine semence » et attendre de Dieu seul le fruit ou la moisson.

Les résonances adventistes proviennent aussi des cantiques *Hymnes et louanges* estampés de la Parole de Dieu. Le personnage lyrique exalte la finalité de la « semence divine » ; Et lance un appel aux autres de passer à l'action de semer. L'éducation centrée sur les Saintes Écritures est une éducation orientée par le Saint-Esprit. Et si quelqu'un est dirigé par le Saint-Esprit, il arrivera toujours à la bonne destination. L'auteur compositeur de ce poème destiné à la louange et à l'adoration, exprime le désir d'encourager les fervents croyants à agir tant dans les conditions favorables ou défavorables pour que la divine semence soit enterrée ou semée. L'actant lyrique exhorte poétiquement les chanteurs de ce cantique qui fait l'éloge de la mission évangélisatrice. « La semence divine » représente la Parole de Dieu ou l'Évangile éternel qui doit être annoncé au monde entier visible dans les messages du premier ange de l'Apocalypse

14 : 6 : « Je vis un autre ange qui volait par le milieu du ciel, ayant un évangile éternel, pour l'annoncer aux habitants de la terre, à toute nation, à toute tribu, à toute langue, et à tout peuple ». Cette louange abonde les qualités adventistes témoignant de manière significative son intérêt missionnaire.

Le sujet lyrique de ce cantique religieux rappelle aux fidèles leur mission et les encourage de l'accomplir fidèlement pour attendre patiemment l'heure de la moisson. Si la « semence divine » est enterrée dans le cœur des jeunes, ils seront plus tard des jeunes dont Dieu a besoin pour son service, des jeunes qui auront des caractères louables, car il y a Dieu à la base. Examinant le rapport qui existe entre le caractère et le succès de l'enfant dans l'avenir, Willie et Elaine (2018 : 33-34) soutiennent que

> Le caractère est formé des valeurs fondamentales que nous avons mentionné plus tôt l'honnêteté, le respect, la gentillesse, l'empathie et la responsabilité. Lorsque ces qualités font partie du caractère d'une personne, on peut s'attendre à les voir manifestées régulièrement et systématiquement dans son comportement. Lorsque ces valeurs deviennent une partie du caractère de l'enfant, il sera difficile qu'il change même dans son interaction avec des gens différents ou dans les situations différentes.

La véritable éducation qui réussit est celle qui met Dieu à la base come fondement de toutes les formations sociales, mais plusieurs écoles négligent cet aspect capital de l'éducation de qualité. Le monde est en perte de vitesse avec la prolifération des croyances polythéistes et panthéistes qui croient à l'existence de plusieurs dieux, mais à l'existence d'un seul Satan. Alors que les Saintes Écritures témoignent l'existence d'un Dieu Créateur de tout l'univers. Les lecteurs de la Bible savent que Dieu est unique et que toute chose est possible avec lui, il était au début et il a créé les cieux et la terre (Genèse 1 : 1). Si nous remontons l'histoire, nous trouverons Dieu à la base du monde et de l'existence ; et s'il est à la base d'un programme de formation ; cette école peut produire les hommes qu'il faut pour la société actuelle ; car là où il y a Dieu, il n'y a pas de disgrâce possible.

1.3.2. Une jeunesse honorable sous la conduite divine

La jeunesse adventiste milite efficacement à travers des formations multidimensionnelles pour lutter contre les situations qui peuvent conduire au mépris.

Cette lutte est possible grâce l'appui de Dieu et par une vie christocentrée. Le curricula de formation de jeunes de notre église encourage ces derniers à être des modèles dans leur environnement et à aspirer à une vie exemplaire. C'est pourquoi l'objectif de base de cette formation est centré dans le livre de Proverbes 1 : 7 « La crainte de l'Éternel est le commencement de la science ; les insensés méprisent la sagesse et l'instruction ». Les qualités telles que : la loyauté, la bravoure, l'éloquence, la discipline, l'intégrité et la fidélité en Dieu et en sa mission sont de systèmes de valeurs inculquées par le mouvement de la jeunesse. Cela est mentionné dans leur cahier de formation : « Que personne ne méprise de ta jeunesse ; mais sois un modèle pour les fidèles, en paroles, en conduite, en charité, en foi, en pureté » (1 Timothée 4 : 12).

Au demeurant de tout ce qui précède, les résonances axiologiques adventistes se démarquent singulièrement à travers ses enseignements de systèmes de valeurs maculées dans les documents inspirés des Saintes Écritures. Ces valeurs humaines pertinentes constituent les fondamentaux de l'éducation des jeunes adventistes. En définitive, entre autres valeurs les plus marquantes sont à savoir : les soins du corps, l'alimentation saine, le respect, le culte du travail, l'esprit du groupe depuis les origines de la naissance de cette jeunesse. Et aussi, cette éducation se démarque par la considération de la spiritualité comme semence enterrée de la présence de Dieu à la base de toutes les résonances adventistes, et ainsi qu'à travers la dynamique sagesse de la crainte de Dieu.

Chapitre 2 : L'héritage adventiste comme réponse aux défis du temps actuel

En remontant les expériences remarquables des hommes et des femmes qui ont œuvré pour Dieu dans les générations passées, il y a beaucoup des leçons à retenir pour notre époque. Ces hommes ont été exposés aux divers conflits et épreuves orchestrées par l'armée de Satan ; c'est en se revêtant de toutes armures de Dieu qu'ils ont pu résistés aux ruses et séductions de l'ennemi.

Les cas de figures bibliques du passé qui ne cédaient jamais au découragement à l'instar de Moïse, Daniel et Joseph pour ne citer que ceux-là ; avaient de zèles pour Dieu, animés du Saint-Esprit et d'une très haute aspiration divine. Bien étant des humains et faibles par nature tout comme ceux d'aujourd'hui, mais leur réussite provient de leur confiance placée en Dieu. Cette culture spirituelle peut être cultivée par quiconque met Dieu à la première place dans sa vie. Si nous mettons Dieu au-dessus de tout, nous pouvons relever par sa grâce tous les défis de notre génération.

Le secret de la réussite pour notre génération réside dans les expériences réussies des hommes du passé dont les enseignements adventistes font résonnés à travers ses pages imprimées. C'est dans cet optique qu'Ellen White (1968 : 31) précise dans *Messages à la jeunesse* qu'« Il faut absolument réaliser des progrès dans la connaissance, car celle-ci, mise au service de la cause de Dieu, devient une puissance bienfaisante. Le monde a plus besoin d'hommes capables de comprendre et de discerner. Il faut des hommes aptes à tirer le meilleur parti de la presse, et à donner ainsi des ailes à la vérité pour la propager rapidement parmi toutes nations et peuple ». Ces paroles de prophétie catégorise les types d'hommes qu'il faut avoir pour notre époque ; des personnes capables dans un monde qui gît dans le mal, des véritables hommes au regard de Dieu, afin d'offrir à un monde orageux les trésors de la vérité agissante.

L'historicité de l'Église adventiste du septième jour a toujours présenté Ellen Gould White comme l'une des pionnières et co-fondatrice de cette église. Ses pages imprimées sont reconnues par cette Église comme écrits prophétiques. Selon sa biographie fournie par Richard Lehmann (1987 : 16) relate qu'

Ellen Harmon est née le 26 novembre 1827 dans une petite ferme de Goran, dans l'État du Maine. Victime d'un accident à l'âge de 9 ans, elle ne fréquentera plus d'école, mais continuera à se rendre à l'église méthodiste avec ses parents et ses 7 frères et sœurs dès l'été 1840, elle accepta l'enseignement de William Miller. Exclue avec sa famille de l'Église méthodiste, elle connaît la rose attente, et l'amère déception de 1844. En décembre de la même année, alors qu'elle se trouvait en prière avec quelques amies, Ellen eut une vision sur la destinée du mouvement adventiste. Acceptée par les uns, rejetée par les autres, elle n'en continua pas moins à témoigner du contenu de ses visions auprès de ceux qui l'accueillaient.

Cette donnée biographique retrace l'historicité de l'Église adventiste et d'Ellen White depuis l'origine de ses visions pour l'avenir du mouvement adventiste. Dès son jeune âge et malgré le fatal accident qui l'avait handicapée, ses expériences, ses exploits et ses visions ont bouleversé son époque et engage encore l'avenir de l'humanité. Poussée par l'esprit d'humilité, elle fut charismatique et a bénéficié tout au long de sa vie plus de 2000 visions. Elle épousa James White le 30 août 1846 et se trouva dès lors engagée dans une œuvre déterminante, celle de la fondation et le développement de l'Église Adventiste du septième jour (Richard Lehmann, 1987 : 16- 17).

L'influence d'Ellen et James White à travers les visions, les enseignements et les publications ont contribué à la fondation de l'Église adventiste du septième jour. Tout en rendant témoignage à cette prophétesse, Lehman (1987 : 17) révèle : « Lorsqu'elle mourra en 1915, elle aura couvert 45000 pages dactylographiées, soit une soixantaine de volume, 4500 articles de revues et plus d'un millier de lettres. Ses ouvrages sont aujourd'hui diffusés par millions d'exemplaires et traduit dans plus d'une centaine de langues. Outre sa vaste influence morale et spirituelle, E.G. White contribua à l'évolution de l'Église adventiste dans plusieurs domaines particuliers ».

Ce chapitre a pour objectif primordial de révolutionner les jeunes de cette génération qui vivent dans un monde nécessiteux et chaotique ; en se basant sur le système des qualités adventistes pertinentes et très sollicitées de nos jours à savoir entre autres : la fidélité dans le service, l'esprit de sacrifice, la persévérance et la formation de caractère spirituel à l'image de Christ.

2.1. Le monde en décroissance spirituelle

De plus en plus que le temps passe, le monde décroit spirituellement. Les gens ne s'intéressent plus à la foi en Dieu et aux choses spirituelles, mais leurs désirs sont plus attirés par les matériels et désirs charnels. Nombreux des jeunes sont pressés à obtenir les biens matériels à n'importe quel prix et à n'importe quel sacrifice. Quand le monde est commandé par un maître qui est l'argent ; il ne peut que conduire les gens à la terreur, à l'immortalité, à l'abomination, au désarroi et aux terrorismes galopants.

2.1.2. La précarité spirituelle galopante

Le monde actuel s'est englouti dans la spiritualité confuse, troublée, manipulée et désacralisée à l'échelle cosmique. Les gens ne sont plus affectionnés par les valeurs spirituelles et les Saintes des Écritures. La récente déclaration de Pape François autorisant les prêtres catholiques à célébrer et à bénir le mariage homosexuel hors liturgie, témoigne que le monde est en perte de vitesse dans le dérapage spirituel. Il y a aucun débat à faire sur la position de Dieu sur l'homosexualité, car la Bible déclare que « Tu ne coucheras pas avec un homme comme on couche avec une femme. C'est une abomination » (Lév 18 : 22). « Quand un homme couche avec un homme comme on couche avec une femme, tous deux commettent une abomination ; ils seront mis à mort, leur sang retombera sur eux » (Lév 20 : 13).

Ce fut exactement pour le même péché que Dieu avait détruit Sodome et Gomorrhe selon les récits bibliques. Le Seigneur a dit à Abraham : « Le cri contre Sodome et Gomorrhe a augmenté, et leur péché est énorme » (Gn 18 : 20). À la lumière de ce passage, le péché de ces deux villes est interprété comme étant l'homosexualité. C'est de là que vient le vocable « sodomie », qui désigne le coït anal entre deux hommes, consentit ou non. L'homosexualité fait clairement partie des raisons pour lesquelles Dieu a détruit ces villes bien qu'ils avaient aussi d'autres péchés que commettaient certainement ses habitants. De manière succincte, le livre d'Ezéchiel 16 : 49-50 stipule : « Voici ce qu'elle a été la faute de ta sœur Sodome : elle avait de l'orgueil, elle vivait dans l'abondance et dans une tranquille insouciance, elle et ses filles, et elles n'ont pas soutenu la main du malheureux et du pauvre. Elles sont devenues arrogantes et elles ont commis des actes abominables devant moi ». Le concept hébreu traduit par « abominables » signifie abomination morale. C'est exactement le même terme employé dans Lévitique 18 : 22 pour désigner l'homosexualité. Dans le même sens d'idée, Jude 7 renchérit : « De même, Sodome et Gomorrhe et les villes voisines, (...) se sont livrées comme eux a l'immoralité sexuelle et à des relations contre nature ».

La spiritualité décroît progressivement au fil du temps. De nos jours, la situation devient plus compliquée lorsque les hommes qui sont supposés garder les sacrées vérités comme étant la seule règle de foi en Dieu font des déclarations bouleversant l'autorité de la Parole de Dieu. Ellen White (1968 : 34) évoquant les lourdes responsabilités de la jeunesse, soutient que « Ne commettez jamais la faute de pervertir les facultés que Dieu vous a donné en faisant ce qui est mal et en exerçant une influence destructive. Il y a des hommes de talents qui accumulent les ruines morales et la corruption ; ce faisant, ils séparent une moisson dont ils n'auront pas lieu d'être fiers ». Les jeunes de notre génération sont appelés à relever le défi spirituel de son temps pour redonner au monde les valeurs nobles et préparer ses habitants à la glorieuse rencontre avec Jésus. La religion doit accomplir sa responsabilité pour apporter la joie, le sourire et la gaieté dans la vie de ceux qui sont en détresse, mais parfois la religion contribue à la ruine et à la désobéissance à la volonté de Dieu, c'est ce qui peut attirer la malédiction de Dieu. Ellen White (1968 : 35) souligne la finalité de la religion par rapport à la vie de l'homme en affirmant que « La religion ne fait pas l'homme grossier et rude, désordonnée et impoli ; au contraire, elle l'élève et l'ennoblit, affine ses goûts, sanctifie son jugement, elle le prépare à vivre dans la société des anges, dans la demeure que Jésus est allé lui préparer ».

2.1.3. La prolifération des églises et problèmes sociaux

Le monde assiste de plus en plus à la multiplication exponentielle des églises et des problèmes de plusieurs ordres. Les églises se multiplient rapidement provoquant ainsi la naissance de nouveaux problèmes dans la société. Les raisons de la prolifération des églises chrétiennes sont plus axées sur les contrastes doctrinaux et le capitalisme religieux. Quant aux religions non chrétiennes, les raisons de leur multiplicité sont : les croyances, les origines culturelles, traditionnelles et civilisationnelles. À la lumière d'analyse approfondie, la multiplicité des églises n'est pas toujours animée par la volonté de propager l'Évangile de Dieu, sinon poussée par les intérêts égoïstes que des hommes créent des églises. C'est pour cette raison qu'Ellen White (SD : 1354) faisant état de lieu de service chrétien déclare qu'« Aujourd'hui, à mesure que nous approchons de la fin de temps, le diable déploie des efforts désespérés pour faire tomber les hommes dans ses pièges. Il s'applique à absorber les esprits et à détourner des vérités essentielles du salut dans toutes les villes, ses représentants organisent des groupements pour s'opposer à la loi divine ».

Les écrits de cette femme annoncent les événements des temps à venir, comme dans ce cas où on note l'apparition des personnes qui enseignent la fausse doctrine détournant les vérités essentielles du salut en Jésus-Christ. Les chrétiens de tout bord doivent être enracinés sur l'expression : « Il est écrit », c'est-à-dire sur les Saintes Écritures que d'accepter les inventions ou la volonté humaine pouvant conduire l'humanité à des situations chaotiques. La religion doit être à la base de la vie. Si la religion devient une source d'égarement, alors elle est capable de dérouter les hommes sur tous les domaines de la vie. Selon le conseil d'Ellen White (1968 : 33-34) à la jeunesse : « Quelle que soit l'affaire à laquelle vous destinez, ne cédez jamais à la tentation de penser que le succès dépend de l'abandon des principes ». Le succès provient du respect des principes divins et non de la désobéissance à la loi de Dieu.

Aujourd'hui, plusieurs personnes abandonnent les principes bibliques à cause des conditions de vie et certaines situations déplorables pour obtenir certains avantages, mais il n'y a jamais de satisfaction dans la désobéissance à la Parole de Dieu. Tandis que les églises se multiplient rapidement, les problèmes s'augmentent dans le monde. Quelle contradiction ? Est-ce les problèmes naissent avec les églises ou les églises naissent avec les problèmes ? Certaines conjointes mal influencées par les enseignements des certains soi-disant serviteurs de Dieu diabolisent leur conjoint et vice-versa. Pourtant, l'Église doit être une source de bonheur, de l'unité, de réconciliation et d'harmonie pacifique. Le monde a besoin ardemment de réveil spirituel sans lequel les problèmes s'empireront dangereusement.

Si l'Église accomplie fidèlement sa mission et que chaque individu respecte les principes divins, le monde serait de mieux en mieux favorable. C'est pour cette raison que dans ses messages adressés aux jeunes, Ellen White (1968 : 21-22) proclame qu' «On cherche des jeunes gens capables de résister à la vague de la mondanité, qui élève la voix pour avertir ceux qui sont sur le point de s'engager dans les sentiers de l'immoralité et du vice ». Le monde est animé par l'esprit de désordre et de rébellion à la volonté de Dieu pour donner de l'importance aux matériels et aux plaisirs éphémères.

En décryptant les réalités du monde actuel, il est clair que le monde est tombé dans la confusion, les guerres, les effusions de sang, les famines et épidémies y règnent au quotidien sans solutions définitives. Beaucoup sont animés d'esprit belliqueux pour faire la volonté de Satan. Dans le même point d'idée, Ellen White (SD : 1354) déclare qu' « Il m'a été montré que les habitants de la terre se trouvaient dans la plus grande confusion. Guerre, effusion de sang y régnaient ». Nous vivons aujourd'hui cette réalité : la guerre russo-ukrainienne, la guerre israélo-arabe, la guerre contre les Boko Haram ; Alors que les églises se multiplient chaque jour. Le monde doit revenir à la base, c'est-à-dire, à la spiritualité.

2.2. Les dérives spirituelles de la génération actuelle

La société humaine devient de plus en plus ennemie de la spiritualité à cause du désintéressement dû aux romans d'amour et certains récits excitants et frivoles. Les jeunes gens sont beaucoup plus affectionnés par ces ouvrages qui cultivent des mauvaises habitudes et ses sentiments irréligieux. Ellen White (1968 : 270) soutient que « Si l'on pouvait brûler une grande partie des livres qui sont édités, on arrêterait une plaie qui ravage... Les romans d'amour, les récits frivoles et excitants, et même les romans religieux, - ou l'auteur cherche à dégager une leçon morale, - sont une vraie malédiction pour les lecteurs ». Ces écrits ont pour objectif de détruire la spiritualité et déshabituer l'âme à la prière et l'ôter le goût de principes spirituels. La spiritualité dégringole progressivement dans plusieurs aspects pour laisser place à la confusion, à l'imagination et à la débauche.

2.2.1. Le capitalisme religieux

La recherche démesurée de biens matériels mal acquis se fait ressentir également de nos jours dans le domaine spirituel à travers certaines pratiques religieuses. Plusieurs hommes de Dieu vendent les services sacrés à des sommes colossales au détriment des pauvres fidèles, afin de s'enrichir. Pourtant, la vraie religion qu'enseigne la Bible vient en aide gratuitement, propage l'amour de Christ qui mourra sur la croix pour sauver l'humanité de la mort éternelle. C'est dans cette optique, Jacques 1 : 27 décrit que « La religion pure et sans tache, devant Dieu notre Père consiste à visiter les orphelins et les veuves dans leurs afflictions et à se préserver des souillures du monde ». Certains, soi-disant pasteurs vendent souvent le sel béni, l'eau béni, l'huile béni et organise des séances de prières payantes qui ne sont pas bibliques, voilà encore un autre égarement spirituel de notre époque. Les églises se transforment en un lieu capitaliste au lieu qu'elle demeure dans la recherche croissante de la spiritualité. Bien que les églises et les hommes de Dieu ont besoin de moyens financiers pour le développement de l'œuvre ; mais la commercialisation des services spirituels ne cadre pas avec la dîme ni avec les offrandes bibliquement recommandées.

Les dérives spirituelles actuelles proviennent de l'amour de l'argent et de la recherche aveuglée des biens matériels à tous les prix. Certaines personnes soi-disant serviteurs de Dieu ne le sont pas véritablement. Ils se servent de la vulnérabilité spirituelle des membres pour les exploiter financièrement. Il procède parfois par les manipulations spirituelles, les mensonges, les faux miracles, les évangiles de la prospérité et des pratiques occultes. Au lieu d'apporter de l'espoir et de la joie dans les familles, mais on constate souvent la misère, l'instabilité et la division terrassent les familles chrétiennes à cause des dérives spirituelles orchestrées par les faux hommes de Dieu. Plusieurs familles souffrent entre les mains des faux serviteurs de Dieu qui prêchent les faux messages. Tout cela arrive parce que les gens ne s'intéressent plus à la lecture de la Parole de Dieu. Ellen White (1968 : 271-272) nous invite à sonder les Saintes Écritures : « La Bible est le livre des livres. Si vous aimez la Parole de Dieu, si vous la sondez toutes les fois que vous en avez l'occasion, pour vous emparer de ses riches trésors, et pour devenir apte à toute bonne œuvre, vous pouvez avoir l'assurance que Jésus vous attire à lui ». Ceux qui lisent la Bible sont mieux outillés pour résister aux séductions et aux manipulations spirituelles de notre génération.

La configuration de la spiritualité décroissante traduit la disparition de systèmes des valeurs dans la société et même dans les églises. La religion doit être un modèle et enseigner ce qui est droit et conforme aux Saintes Écritures, mais de nos jours certains serviteurs de Dieu ne croient plus à la toute-puissance de l'autorité de la Parole de Dieu. D'aucuns pensent que la Bible est dépassée et doit être rééditer afin qu'elle réponde aux réalités du temps actuel. On perçoit souvent dans les propos des influenceurs de réseaux sociaux et les déclarations décrédibilisant le caractère sacré de la Bible. Le cerveau des jeunes sont bourrés des connaissances mondaines non fondées et oubliant les vérités sacrées. C'est ainsi que le nombre des athées augmente, ainsi que les loges et les sectes pernicieuses. Dans le même point d'idée, Ellen White (1968 : 275) affirme qu'« On écrit beaucoup sur l'art d'acquérir les trésors terrestres, comme si les richesses de ce monde pouvaient nous donner un passeport pour le ciel ».

Le monde actuel est en perte de vitesse spirituelle parce que la Parole de Dieu n'est plus le critère fondamental de l'éducation. Tout être humain est créé à l'image de Dieu et a reçu certaines facultés qui ressemble à celle du Créateur. Si l'homme continu à rejeter les vérités sacrées, le monde ne peut que produire des terreurs et des pratiques contre la nature. Ellen White (1976 : 11) analysant le principe d'une éducation digne, déclare que « Les Saintes Écritures sont le parfait criterium de la vérité, et comme tel, on devrait leur donner la première place dans l'enseignement. Pour obtenir une éducation digne de ce nom, il faut apprendre à connaître Dieu, le Créateur, et Jésus Christ Rédempteur, tel qu'ils sont révélés dans les écritures sacrées ».

Les résonances adventistes apportent des lumières dans le monde sombré dans les ténèbres du spiritisme. Les écrits adventistes inspirés par les écrits sacrés contiennent des vérités présentes pouvant aider l'humanité à éviter le pire. Les pages imprimées d'origine adventiste se présente comme des puissantes alertes annonçant le danger que court le monde caractérisé par le sommeil spirituel, afin de faire un retour en arrière. Vaut mieux faire un retour en arrière si on est sur le chemin de la perdition. « Notre époque est une époque de ténèbres spirituels pour les églises en général. L'ignorance des choses divines a caché Dieu et la vérité aux yeux des hommes. Les forces du mal se rassemblent et s'accroissent. Satan se flatte devant ses associés d'accomplir une œuvre qui séduira le monde » (Ellen White, S.D:1354).

Il y a tant d'alarmes et des raisons qui fustigent les réalités actuelles du monde dans le domaine spirituel et religieux. On foule aux pieds la loi de Dieu en enseignant les concepts qui sont des doctrines humaines et sataniques. « Les événements quotidiens attestent de l'accomplissement de cette parole. Le monde marche rapidement vers le point où il sera mûr pour sa destruction » (Ellen White, S.D: 1354).

Ce qu'il faut aujourd'hui pour les églises, c'est la réforme spirituelle, le travail intelligent des serviteurs capables doit renverser la tendance par la qualité de service contribuant au développement de la communauté. De même, pour y arriver les églises doivent enseigner toutes les vérités sacrées de la Parole de Dieu sans diluer ni retrancher. Selon Ellen White (S.D:1354) affirme qu'« Aujourd'hui, comme hier la vérité fondamentale de la Parole de Dieu sont enfouies sous les théories et les spéculations des hommes. Nombreux sont les prétendus ministres de l'Évangile qui n'accepte pas toute la Bible comme la parole inspirée de Dieu. L'un n'admet pas ceci, l'autre repousse cela. Tous s'accordent pour mettre leur jugement au-dessus de l'écriture, et le message qu'ils enseignent ne reposent que sur leur propre autorité ».

2.2.2. L'église et les théories contradictoires aux Saintes Écritures

Parlant de l'attitude actuelle des soi-disant croyants, l'Église a cédé l'esprit de vérité sacrée pour adopter les formes de culte au besoin moderne de la société. L'amour de biens de ce monde inonde le cœur des hommes et les rendent aveugles aux choses éternelles. Beaucoup de jeunes gens limitent leur existence à la vie terrestre et n'ont aucune aspiration pour la vie céleste. Nombreux croient aux théories de l'immortalité de l'âme et à l'incarnation, ceci dénote que le monde n'aura jamais fin et le jugement non plus. Chacun doit vivre sa vie comme il veut et comme il peut ; car pour d'autres : mangeons et buvons ; car demain nous mourrons. La mort n'est pas la fin de la vie comme pense les autres, mais pour les chrétiens la mort est comme un sommeil, en attendant la résurrection lors de l'avènement du Fils de l'homme. Argumentant sur la confusion qui apparaîtra dans les églises au dernier temps, Ellen White (S.D: 1188) déclare qu'« Un grand nombre d'églises protestantes suivent l'exemple de Rome dans son commerce impur avec les rois de la terre ; les églises nationales, en s'alliant avec le gouvernement civil ; puis d'autres églises, en recherchant la faveur du monde. Le terme « Babylone » (confusion) convient bien à ces corps religieux qui, professant tous puisent leurs doctrines dans les Écritures, sont fractionnés en sectes innombrables aux croyances et aux théories contradictoires ».

Ellen White peint les tares des églises de notre temps qui se plongent dans la confusion à travers l'apparition des fausses doctrines religieuse et des théories contradictoires aux Saintes Écritures. Et présente ce monde comme la métaphore de « Babylone », la ville où régnait l'impudicité, la confusion, l'homosexualité, l'orgueil et la corruption. Cette ville avait provoqué la colère de Dieu et avait été détruite par le feu.

Le monde d'aujourd'hui va de décroissance en décroissance spirituelle. Cela se vérifie à travers la présence dans les églises des doctrines contraires à la Bible et les pratiques des abominations. L'autorisation de la bénédiction de mariage homosexuel par le pape d'église catholique romaine est une preuve palpable de l'abomination de l'église. Si Dieu lui-même condamne l'homosexualité, le pape est qui pour légaliser ? Après cette autorisation aux prêtres de bénir les mariages homosexuels, plusieurs mariages homosexuels ont été célébrés dans le monde, excepté les prêtres catholiques d'Afrique qui résiste encore sur cette décision papale. Dès lors, on se demande où va le monde. Le monde est exactement aujourd'hui à l'image de « Babylone » d'avant dans les pratiques abominables et contre la nature. Le pape lui-même a autorisé la babylonisation de l'Église catholique au lieu de veiller à ce que la vérité sacrée soit appliquée à la lettre.

En somme, les défis les plus féroces auxquels le monde fait face est celui de la spiritualité en crise de disparition. Les pratiques religieuses laissent entrevoir la prolifération des églises, le capitalisme religieux et l'apparition des théories contradictoires aux Saintes Écritures. Le monde est confus et plongé dans les spiritismes et les abominations.

2.3. De la santé fébrile à la mortalité précoce

De la même manière que la spiritualité décroit, la santé humaine aussi décroit progressivement et ainsi que l'espérance de vie. Les études empiriques sur la longévité démontrent clairement que l'espérance de vie de la population mondiale décroit au fil de temps à cause de plusieurs facteurs liés à la nutrition. Le monde court un grand danger si l'on n'adopte pas une discipline alimentaire, puisque non seulement l'espérance de vie diminue, mais également les jeunes vivent maladivement et souffrent de plusieurs maladies causées par l'alimentation toxique.

2.3.1. Du désordre alimentaire à la désobéissance

Les qualités adventistes aident l'homme dans tous les domaines de sa vie. Les écrits sacrés et les publications adventistes donnent assez de conseils dans le domaine de la santé alimentaire et contribuent efficacement à améliorer le bien-être et à sauver des vies. Ceux qui suivent les principes bibliques et les conseils des livres de santé publiés par les adventistes du septième jour gagnent énormément de bénéfices. Pour être en vie, en bonne santé et fort, il y a certains principes alimentaires qu'il faut respecter au quotidien. Rien n'est au hasard dans la vie, et ainsi que la santé, le bien-être et la longévité. Plusieurs nutritionnistes ont démontré cela, l'alimentation saine recouvre un grand avantage. Par contre, une mauvaise alimentation est une source de maladie et diverses complications métaboliques. Les enseignements adventistes ne gardent jamais le silence sur les dangers causés par le désordre alimentaire galopant dans notre société actuelle. La santé et la longévité sont strictement liées au régime alimentaire composé essentiellement des légumes et féculents.

La relation qui existe entre l'alimentation et la santé n'est plus à démontrer. La santé de chaque individu dépend de sa nutrition. De nos jours, les hommes mangent mal et non aucun souci ni conscience pour leur bien-être et pour ce qu'une mauvaise alimentation peut provoquer des dommages à leur organisme. Ellen White (1976 : 206) démontrant les dangers de certains aliments que nous consommons, déclare que « Le thé et le café, les condiments, la confiserie et les pâtisseries sont des causes réelles d'indigestion. La viande est nuisible, elle aussi ; ses effets stimulants devraient suffire à la proscrire, et les maladies si répandues des animaux en rendent l'usage doublement prohibitif. Elle irrite des nerfs, excite les passions et accorde aux basses inclinations la prépondérance sur les instincts nobles ».

Ceux qui se livrent à une alimentation trop riche, sont ceux qui ont la plupart des problèmes de santé à cause des aliments très riches. Ellen White conseille les hommes à une tempérance alimentaire, synonyme d'un régime alimentaire équilibré. De nos jours, il y a plusieurs maladies qui sont dues non à la carence alimentaire, mais à la suralimentation ou mauvaise alimentation. L'intempérance alimentaire est à l'origine de plusieurs maladies comme le diabète, l'obésité, hypertension... En plus, la mauvaise alimentation provoque certaines maladies opportunistes. Dans cette même logique, Clémency Mitchell (2013 : 110) rappelle que « Ce fut vers le milieu du xixe siècle que le pionnier sanitaire adventiste Ellen G. White attira l'attention de l'église sur l'emphase mise par la Bible sur la gestion de la santé, sur le plan originel du Créateur d'un régime alimentaire à la base de plantes, une vie saine, active en plein air. Elle était encore au début de la vingtaine, et attira l'attention sur les dangers du thé, du café, et du tabac, et bientôt elle recommande hydrothérapie ».

2.3.2. Les dangers des excès de table

Le système de la résonance de l'éducation adventiste déconseille la pratique des excès de table étant source des complications de systèmes de santé humaine. Plusieurs ont affaibli leur organisme à cause de l'intempérance alimentaire. C'est bien de manger pour être en bonne santé, mais il n'est pas conseillé de trop manger. Tout excès nuit, même dans l'alimentation si on mange sans modération cela peut dégénérer des maladies. Dans *Messages à la jeunesse*, Ellen White (1968 : 216) commentant les inconvénients des excès de table affirme que

> L'activité missionnaire médicale offre de magnifiques occasions. La plupart des maladies existantes ont pour cause les excès de table et l'ignorance de lois de la nature ; il en résulte que Dieu est privé de la gloire qui lui est due. Beaucoup d'enfants de Dieu se montre incapables d'atteindre au niveau de la vie spirituelle qui leur est proposé, et ceci tout simplement parce qu'ils ne veulent pas renoncer à eux-mêmes ».

Ellen White présente un vrai missionnaire comme celui-là qui apporte aussi des conseils concernant l'alimentation saine pour prévenir les maladies causées par l'excès de table. Beaucoup de personnes s'alimentent mal par l'ignorance des lois de la nature. Selon lui, le « missionnaire médical » doit non seulement prêcher l'évangile du salut, mais également prodiguer des conseils sur l'alimentation et l'intempérance alimentaire. L'être humain doit être en bonne santé physique pour pouvoir développer quotidiennement une relation spirituelle croissante avec Dieu. La santé physique est étroitement liée à la santé mentale, émotionnelle et spirituelle. Si le corps est attaqué, c'est tous les aspects du corps qui sont aussi touchés, d'où l'importance de préserver la santé physique, afin que le corps s'épanouisse dans toutes ses dimensions. Beaucoup de personnes qui optent pour la réforme alimentaire non pas compris les principes de santé et leur table est remplie de friandises indigestes, ils sont loin d'être des modèles de tempérance chrétienne et de modération. Ellen White dans son livre *Le ministère de la guérison* (P.102) donner un conseil clair pour être en bonne santé, qu'il faut : « L'air pur, le soleil, l'absence, le repos, l'exercice, une alimentation judicieuse, la confiance en Dieu, voilà les vrais remèdes ».

Les conseils de cette dame sur la santé physique contenus dans les pages imprimées adventistes résonnent dans le monde. Les familles qui appliquent ces conseils ont une meilleure santé et vivent un peu plus longtemps. Le désordre alimentaire n'a aucun intérêt, sinon les conséquences. Clemency Mitchell (2013 : 110) examinant la finalité des conseils sanitaires produits par les enseignements adventistes, déclarent que « Les adventistes possèdent dans ses enseignements un précieux héritage. Chacun a l'opportunité de choisir un style de vie plus sain, largement prouvé. C'est un secret qu'ils ont gardé pendant trop longtemps, et que quiconque peut choisir d'adopter pour en bénéficier ». C'est une vérité connue dans ce domaine de santé, les adventistes ont un grand héritage non seulement sur la nutrition, mais aussi dans le système de valeurs humaines.

Ce chapitre qui s'achève a présenté succinctement les défis auxquels les hommes font face principalement dans le domaine de la santé alimentaire et les conditions de vie. Ces réalités sont entre autres, le désordre alimentaire occasionnant les maladies dégénératives et les mortalités précoces, la précarité spirituelle, le capitalisme religieux, la prolifération des églises, l'affluence des théories contradictoires aux Saintes Écritures et les excès de table. En définitive, le monde décroit tant physiquement et spirituellement ; les maladies surabondent ; se multiplient et l'espérance de vie décroît ; tandis que les enseignements adventistes réservent un grand héritage pour un monde meilleur.

Chapitre 3 : Les normes dans la fournaise du siècle présent

Dans le chapitre antérieur, nous avons présenté l'essentiel sur les défis de notre génération. Cette analyse nous a permis de constater le déficit spirituel et physique auquel est plongé le monde de notre temps ; et la réponse des écrits adventistes et prophétiques face à ce phénomène. Dans ce chapitre que nous abordons, nous proposons d'analyser la crise existante entre les normes et les écarts omniprésente dans la société actuelle. Il s'agira d'identifier les données essentielles de ce problème à travers les dichotomies, les immoralités galopantes ; et montrer ainsi, la pertinence des écrits prophétiques d'Ellen White qui favorisent en même temps la croissance spirituelle et apportent de l'espoir dans les familles.

3.1. Dichotomie entre les normes et les écarts

La société humaine de notre temps est en pleine déconstruction morale et plusieurs facteurs sont à l'origine de ce phénomène cosmique. Les normes sont enterrées pour laisser place aux désordres et aux interdits. Les jeunes gens sont plus motivés par le libertinage ou par un monde sans restriction ni loi ni les normes régulant la liberté. Dès lors, on assiste quotidiennement aux conflits entre les normes et les écarts. La campagne de destruction de valeurs humaines et de la dépravation des mœurs polluent rapidement le monde.

3.1.1. Les ennemis des valeurs humaines

Le monde récolte aujourd'hui les fruits de sa semence. Les hommes influencés par la mauvaise éducation ont bouleversé la vie et le système de valeurs sociales mise en place par Dieu depuis le commencement. La propagande de la violation des lois divines, la vulgarisation l'impudicité, la mauvaise interprétation de la Bible et le concept du droit de l'homme, les théories athéistes, les réseaux sociaux, les sociétés secrètes et l'enrichissement illicite font partie des ennemis féroces des qualités humaines de notre temps. Evina Mendomo (2013 : 67) met les hommes en garde en ces mots : « Ceux qui suivent la foule finissent par être des moutons de panurge. Rien ne compte plus que de connaître les dessins de Dieu pour votre vie, et rien ne peut compenser ses lacunes, ni les succès, ni les richesses, ni la renommée, ni les plaisirs ».

Une société exemplaire exige une éducation de qualité supérieure, celle qui est instituée par Dieu depuis la création pour guider l'humanité à une vie merveilleuse. C'est celle qu'Ellen White (1976 : 14) met en exergue comme étant une éducation originelle et plus élevée :

> Le système d'éducation instituée au commencement du monde était destiné à servir de modèle aux hommes de tous les temps. Pour illustrer ses principes, une école modèle fut établie en Eden, la demeure de nos premiers parents. Le jardin d'Eden servait de salle d'études, la nature de manuel, le Créateur lui-même était l'instructeur et les ancêtres de la race humaine en étaient les élèves.

Si le monde suivait à la lettre les prescriptions divines jalonnées par le Créateur lui-même depuis le jardin d'Eden, le monde serait plus bien portant que ce qu'il est aujourd'hui. La nature elle-même résonne les normes divines à travers la loi naturelle. Les êtres vivants non humains ont gardé leur loi naturelle sur la reproduction, ainsi que les végétaux, mais les êtres humains doués de conscience mettent en déroute la loi de Dieu et les normes naturelles. L'apparition des concepts tendancieux tels que : le droit de l'homme, le mariage pour tous et l'orientation sexuelle constituent les facteurs ennemis à la volonté divine et aux valeurs humaines. Les défenseurs de ces fléaux du siècle présent sont influencés par une éducation mondaine remplaçant les normes par les écarts et les écarts par les normes ; c'est une éducation ayant à la base Satan comme instructeur.

Malgré les enseignements propulsés par les écrits sacrés, les ennemis de normes humaines polluent l'environnement à travers les réseaux sociaux pour détruire complètement l'existence de la morale dans la société. Le monde est en plein conflit cosmique s'opposant les normes aux écarts. Tout le monde est impliqué quotidiennement dans cette guerre d'une manière ou d'une autre à travers nos interactions avec les autres. Beaucoup de jeunes gens n'ont pas résisté aux épreuves à cause de la recherche de la facilité, de l'enrichissement rapide et les désirs de la chair ; plusieurs ont opté pour l'adhésion dans les sectes et la pratique d'homosexualité.

La dépravation des mœurs est en mode dans le temps actuel. Le respect des principes éthiques est considéré comme une vertu dépassé par le temps, alors que les normes humaines inspirées par les Saintes Écritures restent éternelles pour la société humaine de toutes les générations. Dans le même point d'idée, 2 Timothée 3 : 1-5 nous révèle les événements des derniers jours par ces interprétations : « Sache que dans les derniers jours, il y aura de temps difficile. Car les hommes seront égoïstes, ami de l'argent, fanfarons, hautins, blasphémateurs, rebelles à leurs parents, ingrats, et irréligieux, insensibles, déloyaux, calomniateurs, intempérants, enflés d'orgueil, aimant le plaisir plus que Dieu, ayant l'apparence de la piété, mais reniant ce qui en fait la force ». Ces éléments cités par ce verset sont les caractéristiques typiques des réalités présentes dans le monde actuel. De plus en plus que les générations passent, les hommes aiment les plaisirs plus que Dieu, l'orgueil, la traîtrise, les calomnies, l'ingratitude, la cruauté, l'égoïsme, l'intempérance, la rébellion, la fanfaronnade et le blasphème gagnent de plus en plus du terrain dans la société.

Les écrits adventistes distillent les vérités de la génération présente pour que chacun fasse très attention de la manière à laquelle il mène sa vie. Le rejet des normes dans une société est une munition à la destruction massive larguée contre les habitants de cette communauté. Le respect des normes humaines est un choix individuel ; chacun est libre de marcher selon la loi de Dieu ou marcher selon les désirs de sa chair, mais chacun sera obligé de répondre à ses actes devant le tribunal divin ; un tribunal juste équitable. Les tribunaux mondains sont parfois corrompus. Les jugements qui sont effectués sont parfois hors normes sociales et dépourvus de vérité. La préservation des valeurs sociales et humaines c'est une question de choix.

En analysant le conflit qui s'oppose les normes aux écarts, on se rend compte que le monde se trouve dans la dépravation des mœurs au degré le plus élevé et chronique. Chaque jour de la vie, des nouvelles pratiques contre la nature voient le jour au détriment des normes préétablis par le Créateur depuis l'existence du monde. Pourtant, les jeunes sont conviés à prendre au sérieux cette guerre cosmique et d'en assumer pleinement leur responsabilité, afin de renverser la tendance. Les jeunes de cette génération doivent tenir bon et mener le bon combat de changement de caractère ; et intégrer les valeurs spirituelles dans leur mode de vie pour influencer et transformer la société.

3.1.2. Les déviances sexuelles

Beaucoup de mauvaises choses peuvent surgir dans la société qui a foulé aux pieds la crainte de Dieu. La meilleure éducation est sans doute, celle qui intègre la crainte de l'Éternel à la base, sinon le contraire n'est que la catastrophe. Le monde dans lequel nous vivons a perdu la pudeur, la pureté et la dignité humaine pour se livrer aux pratiques telles que l'homosexualité, la masturbation et les services sexuels sur les femmes et les mineurs. Le péché de Sodome et Gomorrhe est à la mode dans le monde actuel. Les jeunes gens et les hommes âgés sont touchés par ces pratiques immorales, parfois involontaire pour ceux qui ont subi des viols.

En revisitant les résonances adventistes elleniennes, on y trouve ça et là les puissants conseils par rapport à ces pandémies immorales du siècle. Le monde s'enfonce terriblement dans l'abime des immoralités et déviances sexuelles caractérisées. Alors que le ciel et la terre n'ont pas changé. Les animaux ont gardé leur nature d'accouplement entre le mâle et la femelle ; les hommes ont inventé l'orientation sexuelle et le mariage pour tous, dans le commun accord deux hommes peuvent se marier ainsi que deux femmes ; pire encore, les hommes se marient aussi aux animaux. L'homme est devenu fou à cause de la déviance sexuelle est à l'origine de plusieurs maladies sexuellement transmissibles et l'augmentation du taux de mortalité dans le monde. Ellen White (1998 : 143) dans son ouvrage *Conseille sur la conduite sexuelle, l'adultère et le divorce*, s'exclame : « Le péché de Sodome, oh ! Combien le Seigneur éprouve du dégoût à la vue des efforts stériles et sans Christ de certains de ses soi-disant serviteurs ! Il faut accomplir l'œuvre de Dieu avec force, en allant de l'avant, les yeux fixés en haut ». Ce péché fait partie des souillures morales et déshonore le Créateur. De nos jours, plusieurs jeunes gens sont livrés à de telles pratiques sexuelles y compris les chrétiens. De même, la masturbation présentée par certains sexologues comme une pratique sexuelle avantageuse est pourtant, une source des maladies et diverses souillures. C'est une forme de déviance sexuelle très dangereuse pour la santé physique, émotionnelle et spirituelle.

Ellen White (1998 : 147) déconseille fermement cette déviance et énumère ses méfaits négatifs sur la santé par ces mots :

<blockquote>
Les femmes possèdent moins de force vitale que les hommes et sont largement privées, de par leur vie confirmée, de l'air vivifiant et simulant. Chez elle les conséquences de la masturbation se voit dans les maladies comme le rhume (chronique), l'hydropisie, les maux de tête, la perte de mémoire et de la vue, la fragilité du dos et des reins, la fragilité de la colonne vertébrale, et souvent le délabrement du cerveau. Le cancer latent dans l'organisme s'enflamme, se met à ronger et à détruire. L'esprit sombre souvent dans une ruine totale et la folie s'installe.
</blockquote>

Cette illustration liste quelques conséquences de la masturbation dans la vie des hommes et des femmes qui se livrent à cette déviance sexuelle. Elle précise clairement quelques maladies causées par cette pratique telles que : le rhume, l'hydropisie, les maux de tête, la perte de mémoire et de la vue, la fragilité du dos et des reins, de la colonne vertébrale, le cancer et la folie. Les conséquences de la masturbation sont désastreuses et provoque plusieurs maladies physiques et spirituelles. Les conseils de cette dame abondent les écrits adventistes et invitent ceux qui sont tombés dans cette pratique immorale de venir à Dieu tels qu'ils sont ; Dieu a le pouvoir de leur délivrer et les accorder sa miséricorde. De même, Jésus-Christ ne repousse personne, il a donné sa vie pour sauver l'humanité ; il est mort à cause du péché de l'humanité et pour sauver toute personne qui accepte son salut. À travers des prières sincères de repentances ; Dieu accepte la prière des âmes repentantes et a le pouvoir de transformer l'être humain. Jésus lance un appel : « Venez à moi vous tous qui est accablé sur le poids d'un loup fardeau, et je vous donnerai du repos » (Mathieu 11 : 28).

Les écrits adventistes regorgent beaucoup de leçons pour le monde aujourd'hui grâce aux paroles inspirées par les personnages que Dieu a choisie pour véhiculer le message du salut. Les pages imprimées adventistes contiennent des vérités et valeurs axiologiques qui répondent au besoin de notre génération dans le domaine de la vie humaine. C'est un grand héritage pour toutes les générations. Les jeunes gens doivent prendre au sérieux les écrits de cette femme et ses conseils pertinents sur le style de vie saine.

Le problème des déviances sexuelles de nos jours constitue un grand fléau social grandissant et inquiétant à la limite. La perversité occupe les réseaux sociaux et les médias sont pollués par les images et films de perversions sexuelles et d'abominations. Les mineurs, les adolescents, les adultes et même les personnes âgées consomment quotidiennement à travers les programmes de télévision les déviances sexuelles et les séries érotiques. Le monde a besoin de l'école de Dieu comme affirmait Ellen White (1968 : 169), que « Ceux qui vont chercher la science dans les écoles du monde devrait se rappeler qu'une autre école les réclame : celle du Christ. On ne sort jamais de cette école. Dans cette école, il y a des élèves de tout âge ».

L'étude approfondie des qualités adventistes révélées par ses pages imprimées mettent en garde les observateurs du sabbat sur les dangers à venir. D'où la prudence à prendre position pour ne pas tomber dans le pire. Ellen White (1968 : 373) déclare que « Les jeunes observateurs du sabbat qui ont cédé à l'influence du monde seront soumis à des rudes épreuves. On voit approcher les dangers des derniers jours : les jeunes gens seront exposés à des épreuves imprévues. Ils seront jetés dans la détresse et l'anxiété, et la sincérité de leur foi sera mise à l'épreuve ». Dieu soit loué parce que ceux qui lisent les écrits sacrés sont informés et peuvent anticiper par la grâce de Dieu sur ces dangers à venir.

3.2. De l'espoir pour les familles d'aujourd'hui

Malgré que les réalités du monde actuel soient alarmantes et peu radieuses, tout n'est pas fini pour ceux qui espèrent en Éternel Dieu dans leur vie. L'apparition des épidémies et des pandémies comme le SIDA et le Coronavirus ont démontré à quel point que la vie humaine est très vulnérable. Les maladies se multiplient, les guerres aussi et la misère humaine se propagent dans les villes et village sans solution définitive. La situation actuelle est la cause de l'égarement spirituel. Les hommes ont fait de la spiritualité leur ennemi juré et obstacle à la liberté individuelle. La vie est devenue amère, pas de paix entre les États et même dans les familles chrétiennes règnent la division et la haine.

Le monde est caractérisé par la désobéissance, la rébellion, la toxicomanie, l'inceste, la prostitution et autres déviances dominent la société actuelle. Pour répondre à tous ces désagréments, les hommes et femmes ont besoin de l'assistance divine à travers l'étude de la Parole de Dieu, la prière et par une vie transformée à l'image de Christ. Dans son livre *Conseil sur la conduite sexuelle, d'adultère et le divorce,* Ellen White (1998 : 121) précise que le monde a besoin de la « clairvoyance spirituelle » : « Jamais auparavant les hommes et les femmes chrétiens n'ont eu un aussi grand besoin de clairvoyance spirituelle. Il est dangereux de perdre de vue le Christ un seul instant. Ses disciples doivent prier, avoir confiance en lui et l'aimer avec ferveur ». Il est clair dans les propos de cette dame que le monde a un si grand besoin de la « clairvoyance spirituelle » pour relever les défis de notre temps, apporter des soulagements et de l'espoir dans les familles en proie des tragédies générationnelles.

3.2.1. Les jeunes dans le creuset du désespoir et l'espoir

Les jeunes gens sont souvent confrontés au quotidien aux valeurs qui semblent contradictoires aux valeurs de leurs parents. Ainsi, il est beaucoup plus difficile pour les enfants d'apprendre les leçons de base, de l'empathie, l'autogestion, de l'estime de soi, alors, ils sont parfois vulnérables à l'anxiété, à la dépression et aux agressivités. Dans le même sillage, Willie et Elaine Olivier (2018 : 30) nous relèvent que « Les statistiques sur les homicides chez les adolescents, l'intimidation et les fusillades dans les écoles, les suicides et les abus de drogues et d'alcool, sont parallèles au changement significatif sur la nature de l'enfance ».

Le vocable "creuset" renvoi à un récipient de terre réfractaire ou de métal, qui sert à faire fondre certaines substances et principalement les métaux. Le monde actuel est comparable au creuset chaud servant à fondre les métaux. Les jeunes gens sont dans le creuset du monde et plusieurs s'effondrent chaque jour dans ce gouffre de feu colossal. Le creuset est la métaphore des épreuves de la vie et l'ennemi de la réussite. C'est triste et malheureux, car les hommes ne résistent pas aux épreuves et se plongent dans l'éducation mondaine.

Bien qu'il y a de désespoirs dans le monde actuel, avec Dieu il y a de l'espoir assuré dans le retour à la volonté. L'espoir de la possibilité se trouve aussi dans ces paroles « Voici, mes souffrances sont devenues mon salut ; tu as pris plaisir à retirer mon âme de la fosse du néant, car tu as jeté derrière toi tous mes péchés » (Esaïe 38 : 17). Malgré les situations dans lesquelles on se retrouve, il y a de l'espoir avec Dieu, car avec Jésus, il y a des possibilités dans l'impossibilité humaine. Commentant la même idée, Evina Mendomo (2023 : 35) affirme que « Les hommes dont le monde a besoin à l'heure actuelle, sont ceux qui sont capables de possibiliser les impossibilités ; transformer les situations difficiles en opportunités ». La résonance spirituelle révélée par Ellen White (1998 : 123) dénonce les types de serviteurs du péché par ces mots : « Caractère repoussant du péché. Nous vivons à une époque du monde où une catégorie de personnes, animées d'un pouvoir de séduction et de fascination, insinuent des pensées impures tout en dénonçant le péché. Ils se présentent comme des anges de lumière, mais sont en réalité des serviteurs du péché ». Dans notre société qu'il y a des loups déguisés en ange ; ils enseignent la Parole de Dieu, mais ne vivent pas en conformité avec cette parole dans le but de détourner beaucoup de gens et les mettre au service du diable.

Désastreusement, plusieurs jeunes gens tombent dans leur piège et servent le péché au quotidien à travers leur bourgeon dégustatif -dans les débuts d'alcool, les déviances sexuelles et l'alimentation impure-. Ils servent le péché au lieu d'être des ambassadeurs des messages sacrés de Dieu. Ceux qui servent le péché, servent Satan dans la création de la confusion et parvenir à écarter beaucoup de gens de la vie éternelle. Heureusement, les résonances adventistes à travers les études, les programmes de formation, les pages imprimées et principalement les écrits prophétiques d'Ellen White révèlent les secrets pour résister aux tentations du temps de la fin.

Adventistement parlant, heureux celui qui lit, qui entend et garde l'appel de la prophétie. Celui qui lit, entend et garde les conseils prophétiques ne pas surpris des événements actuels ; c'est une personne informée et préparé pour faire face aux dangers de l'avenir. Si les adventistes et tous ceux qui lisent la littérature adventiste mettent en pratique ses leçons, le monde serait différent dans toutes ses postures. Ceux qui n'ont pas encore lus les pages imprimées adventistes ont encore beaucoup à découvrir sur le monde du passé, du présent et de l'avenir. Ces écrits véhiculent les résonances axiologiques dans plusieurs domaines et facilitent scientifiquement parlant les études interdisciplinaires.

Les jeunes sont décisivement impliqués dans la folie de notre génération. La situation est déplorable pour les jeunes qui ont suivi le monde dans ses séductions, mais il y a un Dieu au ciel, le Dieu de Daniel, celui qui a fait sortir Daniel de la fournaise ardente et de la fosse aux lions affamés. Il est le même Dieu aujourd'hui et il est la solution à nos problèmes. Beaucoup des jeunes gens tombent dans le creuset du monde, ont tout abandonné et sont désespérés. Pour relever une équivoque et encourager ceux qui sont découragés dans la vie, John (1995 : 42) affirme que « De nombreuses fois, nous avons commis l'erreur d'envisager nos défis futurs comme étant la fin de notre vie plutôt que de la considérer comme l'aurore d'une nouvelle et brillante occasion favorable ». Les erreurs du présent doivent être considérées comme une belle opportunité pour relever les défis futurs.

3.2.2. Les alertes prophétiques pour l'avenir des jeunes

Les pages imprimées adventistes embrassent plusieurs domaines du savoir y compris la prophétie. Les écrits de cette dame principalement sont considérés comme des productions prophétiques à cause de leur coloration révélatrice des événements à venir et des avertissements pertinents. Heureux ceux qui lisent et gardent les prophéties, car ils sont assez informés pour prendre position sur les réalités futures et présentes. Ellen White (1968 : 33) dévoile quelques secrets de réussite dans ses messages prophétiques destinés à la jeunesse par ces mots : « À la base de toute vraie grandeur, il y a la crainte de l'Éternel. Une intégrité qui ne fléchit jamais : tel est le principe qui doit vous guider dans toutes vos relations. Mettez votre religion dans votre vie scolaire, introduisez-la dans votre pension, quelle inspire tous vos efforts ». Les jeunes gens qui aspirent à la grandeur, doivent mettre en pratique ce conseil prophétique qui consiste à mettre la crainte de l'Éternel et la religion au centre de leur vie scolaire pour inspirer tous leurs interactions et leurs efforts. Il s'agit en d'autres termes laisser Dieu guider nos études.

Les alertes prophétiques adventistes propulsent les enseignements qui apportent de l'espoir dans les familles d'aujourd'hui. Il suffit de lire les écrits d'Ellen White pour comprendre les grands héritages révélés par Dieu dans le but d'apporter de solutions aux problèmes des jeunes de notre époque. Ces écrits sont des alertes prophétiques visant à répondre à l'appel de Dieu et à obéir à sa volonté comme elle l'a précisé par ces paroles que « L'appel prophétique parvient à Elisée, alors qu'il labourerait un champ avec le serviteur de son père. Lorsqu'Elie, dirigé par Dieu dans le choix d'un successeur, jeta son manteau sur les épaules du jeune homme, Élisée compris l'appel qui lui était adressé et se soumis. Il "Suivit Élie et fut à son service" », 1 Rois 19- 21 (Ellen White, 1976 : 56). Heureux celui qui répond favorablement à l'appel de Dieu pour son service, Dieu s'en chargera du reste, il le capacitera pour atteindre des grandes cimes pour la gloire de son nom. Chaque jeune qui se confie en l'Éternel peut réaliser des très grands exploits dans le monde actuel et de tous les temps. Les difficultés qu'on a très souvent ne sont pas inhérentes à l'Evangile, mais plutôt à nos attitudes vis-à-vis des personnes qui nous entoure. Pour cette raison, John Maxwell (1995 : 41) déclare que « La plupart du temps, c'est notre façon de présenter l'Évangile plutôt que l'Évangile lui-même qui offense les gens. Deux personnes peuvent partager les mêmes nouvelles avec une tierce personne et obtenir des résultats différents avec cette dernière ».

Le secret de la réussite se trouve aussi dans la construction de la compétence et valeurs individuelles. Les paroles suivantes d'Ellen White (1976 : 55) décrivent le type d'hommes que le monde a besoin aujourd'hui : « Aujourd'hui le monde a surtout besoin d'hommes, non pas d'hommes qui puissent s'acheter ou se vendre, mais d'hommes qui soit fidèle et honnête jusque l'intimité de leur âme, d'hommes qui ne craignent pas d'appeler le péché par son nom et dont la conscience est aussi fidèle au devoir que la boussole l'est au pôle, d'hommes qui tiendraient pour la justice et la vérité même si l'univers s'effondrait ». Ces paroles prophétiques décrivent le type d'hommes que le monde a plus besoin aujourd'hui. Combien d'hommes qu'on peut trouver avec ces valeurs humaines pertinentes. Si le monde a les dirigeants avec ces qualités, le monde allait être différent des réalités que nous vivons aujourd'hui. Ces paroles prophétiques sont des conseils et à même temps des avertissements pour notre époque. Si ces conseils sont mis en pratique, nous allons voir le monde changer pour le meilleur. Ainsi, ces paroles constituent les résonances ou alertes prophétique pour le monde d'aujourd'hui.

De manière récapitulative, ce chapitre nous a permis d'élucider les différentes facettes obscures du siècle présent ; notamment la dichotomie entre les normes et les écarts, les déviances sexuelles qui font partie des ennemis des valeurs humaines ; Et les possibilités d'espoir pour les familles d'aujourd'hui qui réside dans la clairvoyance spirituelle et dans les alertes prophétiques de cette femme.

Chapitre 4 : Les providences de la résonance de l'éducation adventiste

À la fin du chapitre trois, nous avons examiné l'essentiel sur la problématique de la considération des normes dans la société actuelle. Cette crise se vérifie à travers plusieurs déviances constatées qui entravent les valeurs humaines. Ainsi, les résonances axiologiques adventistes qui apportent une lueur d'espoir aux personnes désespérées. Cet espoir découle de la fidélité à Dieu et à sa parole, comme nous le verrons dans le quatrième chapitre aussi d'intérêt purement spirituel.

4.1. De la crainte de Dieu à l'excellence

Dans la vie de tous les temps, les hommes aspirent toujours à la réussite et à l'excellence. C'est une tendance propre à l'être humain. L'excellence proprement dite ne découle pas du néant, elle provient toujours d'un effort et d'énormes sacrifices. La véritable excellence vient de Dieu, car Dieu est parfait. Toute excellence vraie a pour racine la crainte de Dieu et cette crainte émane de la connaissance de sa parole. C'est dans ce sens que la Parole de Dieu déclare dans Osée 4 : 6-8 que « Oui mon peuple périt faute de connaissance parce que vous, les prêtres, vous avez rejeté la connaissance ; je vous rejetterai et vous ne serez plus mes prêtres ». La connaissance de la Parole de Dieu est le secret de l'excellence dans tous les domaines des métiers. Le livre de proverbe au chapitre 9 :10 soutient cette réalité par ces paroles : « Le commencement de la sagesse c'est la crainte de l'Éternel ; et la science des saints, c'est l'intelligence ».

Aucune science ne peut véritablement exceller sans la crainte de Dieu. Les sciences humaines et les technologies sans crainte de Dieu conduisent parfois à la destruction de l'humanité, comme l'affirmait Robelais : « Science sans conscience n'est que ruine de l'âme ». Cette citation philosophique signifie que la science doit être soumise à la moralité pour éviter le débordement. On peut prendre comme exemple la bombe nucléaire, les armes à destruction massive et les découvertes scientifiques qui ont fait beaucoup de victimes lors de la deuxième guerre mondiale. La capitulation japonaise et les dégâts causés par la bombe atomique qui a été largué à Hiroshima et Nagasaki marque l'un des conflits le plus désastreux que le monde n'a jamais connu et son bilan reste sans précédent. La connaissance et la crainte de Dieu sont des clés de la réussite véritable dans toutes les sciences du monde.

Dans le cadre de l'église tout comme dans tous les domaines du savoir, la Parole de Dieu doit être la source principale d'inspiration et l'énergie vitale génératrice de l'excellence. Malheureusement, la Parole de Dieu est interdite dans certains lieux et considérée parfois par les scientifiques comme l'imitation ou écrit non scientifique. Alors que Dieu est le commencement, il est sa Parole, sa Parole est Lui-même et de cette Parole découle la sagesse. Selon l'évangile de Jean 1 : 11 : « Au commencement était la parole, la parole était avec Dieu et la parole était Dieu ». Ainsi dit, Dieu est le commencement et Créateur de toutes les sciences qui existent dans l'univers ; car celui qui est le Créateur de tout l'univers et de tout ce qui s'y trouve, humain ou non humain.

L'église adventiste du septième jour considère la lecture de la Bible comme le point de départ pour toute connaissance et croissance. Les études bibliques, principalement l'école du sabbat a été mis sur pied dans le but d'encourager le peuple de Dieu d'étudier la Bible au quotidien pour avoir la connaissance et y parvenir à la crainte de Dieu. C'est dans cette idéale spirituelle que Richard Léman (1987 : 18) relatant les encouragements d'Ellen White par rapport à la lecture de la Parole de Dieu, déclare qu'

> Ellen White encouragea son église à l'étude de la Bible comme révélation première. Elle écrivit : « Je vous recommande, chers lecteurs, la Parole de Dieu comme la règle de votre foi et de votre pratique. Nous serons jugés par cette parole. Dans sa parole, Dieu a promis de donner des visions dans les derniers jours. Non pour établir une nouvelle règle de foi, mais pour le réconfort de son peuple, et pour corriger ceux qui s'éloignent de la vérité biblique ».

L'idéal spirituel visible dans les encouragements de cette femme est celui l'étude de la Parole de Dieu qui est en même temps la source principale de la croissance spirituelle. L'étude des Saintes Écritures consolide la foi en Dieu, facilite la clairvoyance spirituelle dans les derniers jours, réconforte et ramène ceux qui s'éloignent de la vérité biblique. L'excellence découle également des attitudes façonnées par le caractère de Christ. Dans la même logique, John Maxwell (1995 : 18) soutient que « Le Christ nous donna un parfait exemple à suivre. Ses critères suprêmes ne nous furent pas transmis pour nous frustrer, mais pour nous faire voir les aspects de notre vie à améliorer. Chaque fois que j'étudie l'épitre de Saint-Paul aux philippiens 2 : 3-8, je me fais rappeler les qualités de la saine attitude que Jésus possédait ».

4.1.1. De l'échec lamentable au succès espéré

L'échec est presque toujours compris dans la société comme une situation exclusivement défavorable et négative. Pourtant, elle n'est pas toujours ce qu'on voit. Il y a parfois une volonté divine dans l'échec. Souvent, Dieu permet que l'échec arrive dans la vie de son enfant pour le préparer aux plus grands défis qui précéderont les grandes victoires. Il est évident de signaler que l'échec n'est pas de Dieu, mais il l'utilise souvent pour donner de leçons et nous faire grandir. Il y a toujours quelque chose de positif à tirer de nos échecs. Et, si nous apprenons à travers de nos erreurs, nous ne serons jamais perdants ; cela nous permettra de grandir et de ne plus reproduire les mêmes erreurs. Connaître l'échec n'est pas une tragédie. En revanche, le drame est que si après l'échec les mêmes causes produisent les mêmes effets, on reste traumatiser et ne plus vouloir avancer. C'est dans cette même perspective que Jésus dit dans apocalypse 2 :5 que « Souviens-toi donc d'où tu es tombé, repends-toi, et pratique tes premières œuvres ; sinon je viendrai à toi et j'ôterai ton chandelier de sa place, à moins que tu ne te repentes ».

Il est vrai que la vie est remplie des difficultés qui peuvent nous amener à chuter, mais le Seigneur est toujours à nos côtés pour nous relever. Il nous invite à tirer de leçons de nos faiblesses et à de nouveau aller de l'avant. C'est pour cette raison que nous ne devons pas nous laisser paralyser par le découragement. Humainement parlant, il est difficile de gérer l'échec, parce qu'il paralyse, emprisonne, décourage et ôte le désir d'entreprendre de nouvelles choses ; mais l'échec peut également conduire à de grandes victoires. La vie est un risque permanent. Par exemple, vivre c'est prendre le risque de mourir et essayer, c'est prendre le risque d'échouer, mais le plus grand échec de la vie, c'est de ne rien risquer du tout.

L'examen approfondie de l'échec bien géré nous fait comprendre que l'échec n'est qu'une étape avant la victoire. Si vous ne pouvez pas accepter le moindre échec ou la déception, alors vous ne pourrez pas non plus accomplir l'œuvre de Dieu. Il est très illusoire de penser que le fait d'être enfant de Dieu va vous donner de vivre une vie parfaite, sans échec ni déception. Les enfants de Dieu passeront toujours par les difficultés et traverseront les épreuves de la vie, mais Dieu promet de faire de nous des « plus que vainqueurs ». C'est dans cette mesure que David dit au messager dans 2 Samuel 11 : 25 que « Voici ce que tu diras à Joab : ne soit point peiné de cette affaire, car l'épée dévore tantôt l'un, tantôt l'autre ; attaque rigoureusement la ville, et renverse-la et toi encourage-le ! ».

Autrement dit, les épreuves de la vie s'abattent aussi terriblement bien sur les chrétiens que sur les non chrétiens. Être enfant de Dieu ne signifie pas avoir reçu l'antidote des difficultés. Le roi David eu une vie très agitée et traversa beaucoup d'oppositions et connue de multiples défaites ; Et pourtant, il avait les faveurs de Dieu. Cet exemple est encore d'actualité. Le fait de penser que notre vie sera constituée uniquement des événements positifs n'est qu'une pure illusion. Le Seigneur nous appelle aussi à expérimenter notre foi dans les circonstances pénibles ou déplorables ; c'est dans ces genres de moment-là que nous voyons la puissance de Dieu manifester.

Les obstacles à la réussite sont multiples, mais ce qui est plus important c'est de connaître comment les surmonter. Dans n'importe quel domaine de la vie, il y a toujours des obstacles à franchir. Robert Kiyosaki (2014 : 175) dans son ouvrage *Père riche père pauvre*, affirme que « Une fois que les gens ont étudié et connaissent l'a b c du domaine financier, il se peut qu'ils aient quand même à faire à des obstacles avant de devenir financièrement indépendant ». Il n'y a pas de réussite sans obstacle, même dans le domaine financier, il peut y avoir parfois des pertes, mais ce n'est pas la fin ; Il faut toujours prendre des risques pour investir.

Nous connaissons beaucoup d'échec parce que nous laissons de côté la Parole de Dieu et nous préférons écouter nos propres pensées. Le secret de toute réussite réside dans la Parole de Dieu qui possède le pouvoir de nous capaciter pour affronter les obstacles de la réussite et de l'excellence. Les moments de difficultés sont des occasions auxquelles Dieu nous invite à mettre en pratique sa Parole qui conduit à la victoire assurée. Étant au milieu des obstacles, ne baissons pas les bras ; mais regardons à Jésus, celui qui peut transformer les obstacles en opportunités. La confiance que nous avons en Dieu peut renverser les difficultés et nous permettre de résister aux épreuves, car Galates 6 : 9 dit : « Ne nous lassons pas de faire le bien ; car nous moissonnerons au temps convenable, si nous ne nous relâchons pas ». Le succès n'est pas comme la manne qui tombait du ciel.

Le succès se construit jour après jour par un travail acharné, par la foi en Dieu et dans la confiance en ses promesses. Si tu traverses actuellement les moments de difficultés, ne regarde pas les épreuves, mais fais de l'Éternel tes délices et il t'accordera ce que ton cœur désire. Ne t'appuie point sur ton intelligence, abandonne-toi entre ses mains, recommande-lui ton sort et laisse-le diriger ta vie, et il t'amènera au bon port.

4.1.2. Les jeunes qui transforment la société

Pour plusieurs jeunes gens, la réussite est synonyme de la chance. Il suffit d'avoir la chance pour réussir dans la vie. Au contraire, plusieurs études scientifiques démontrent une réalité paradoxale. La réussite résulte toujours du travail résolu et sérieux. C'est ne pas le fruit du hasard que les hommes ont réussi à des grandes réalisations ni la résultante de la paresse. On peut parler de la réussite véritable qu'après un travail bien effectué. Dieu lui-même à travailler pendant six jours pour accomplir son œuvre créatrice. Le monde dans lequel nous vivons et tout l'univers est le résultat de son travail. Il est donc, le Dieu du travail et a institué le travail dès le commencement du monde. Il nous a montré l'exemple à suivre.

Si Dieu n'accomplissait pas son œuvre créatrice, le monde ne pouvait pas arriver à l'existence, ainsi que tout ce qui s'y trouve. Le travail est la première activité accomplie par Dieu et qui demeure le mémorial de la création. Les jeunes sont appelés à transformer leur société, une transformation qui ne peut être possible que par le travail bien accompli. De manière générale, chaque génération dans le monde découvre sa mission, l'accomplit ou la trahit. Notre génération est consciente de ses défis actuels. Il y a que le travail qui peut conduire aux grands exploits et à des grandes transformations.

L'analyse approfondie des obstacles liés à la réussite dans la vie atteste que la plupart d'eux sont d'ordre éducationnel. Ainsi que tous les problèmes de la société sont d'une manière ou d'une autre se rapportant à la sociologie de l'éducation. Le culte du travail tant vanter par les écrits adventistes témoignent sa qualité de l'éducation. Un travail bien fait est la résultante d'une bonne éducation. C'est ainsi qu'Ellen White (1968 : 212) dans ces messages adressés à la jeunesse, déclare que « Si dur et si fatiguant que paraissent aux habitants de la terre le sentier du travail, il a été honoré par le Rédempteur qui y a laissé l'empreinte de ses pieds ; Il n'y a pas de danger à marcher dans cette voie sacrée. Par la parole et par exemple, Christ à ennobli le travail utile. La plus grande partie de sa vie terrestre s'est écoulée dans l'atelier du charpentier de Nazareth, où il a travaillé patiemment ».

Si Dieu a travaillé pour que nous existions, comment ne pas travailler pour vivre et réussir dans nos entreprises. Au commencement Dieu a créé le monde en six jour. Jésus-Christ pendant son séjour dans le monde a travaillé comme charpentier hormis ses œuvres missionnaires et évangélisatrices. C'est à tort si l'être humain ne considère pas le travail comme valeur à cultiver pour un monde qui se veut émergent et prospère.

Les jeunes adventistes grâce à leur éducation enracinée dans les Saintes Écritures et les livres prophétiques d'Ellen White ; ont la possibilité de développer des capacités pour mener à bien leur profession. La réussite dans son métier passe par l'amour de son travail avant d'arriver à n'importe quel résultat attendu. Évoquant la même réalité, Evina Mendomo (2023 : 41) déclare que « Nous devons développer nos aptitudes et accumuler les expériences afin d'être de plus en plus efficace dans notre service. En effet, l'apôtre Paul dans ses messages à Timothée déclare que « Maintient en vie le don que Dieu t'a accordé … ». Les hommes de notre temps ont la possibilité de façonner un monde meilleur, en étant résolument déterminé dans le travail tant dans les circonstances favorables ou défavorables. Dans le chemin de la réussite, on peut rencontrer les problèmes auxquels on est appelé à les résoudre avec beaucoup de tacts. Ron Coleman et Giles Barrie (1998 : 105) proposent que « Les problèmes des gens doivent être identifiés et résolus aussi vite que possible. Des petits problèmes grossissent et se transforment en véritable crises s'ils sont ignorés. Les véritables problèmes ne disparaissent pas d'eux-mêmes ».

Plusieurs facteurs rendent possible la réussite dans la société, parmi lesquels le système éducatif. Chaque pays du monde a son système d'éducation selon les aspirations de la société et le type de citoyen que l'État a besoin de former. Le système éducatif peut être un avantage ou un inconvénient pour les citoyens. Le modèle éducatif qui ne répond pas au besoin de la société dévient un chemin d'égarement des jeunes et peut conduire à former des personnes non sollicitées aux besoins de la société de leur temps. Robert Kiyosaki (2014 : 103) décrit le système éducatif de notre temps par ces mots : « Notre système d'éducation actuelle s'efforce de préparer la jeunesse d'aujourd'hui à décrocher de bons emplois en développant leurs aptitudes scolaires. La vie de ce jeune sera centrée sur leur salaire ou comme je l'ai dit précédemment sur leur colonne de revenu. Ils étudieront pour devenir les ingénieurs, des scientifiques, de cuisiniers, des officiers de police, des artistes, des écrivains et ainsi de suite ». Il est vrai qu'il y a plusieurs manières de réussir dans la vie, mais la vraie réussite émane des compétences personnelles après avoir mis en compte la crainte de Dieu à la base.

Malencontreusement, de nos jours plusieurs veulent réussir sans souffrir et empruntent des raccourcis. Le chemin de vivre heureux et mourir jeune n'est pas la réussite et par conséquent, il n'est pas conseillé aux jeunes, car ce moyen ne cadre pas avec la volonté de Dieu et conduit à la ruine de l'âme. Beaucoup sont des jeunes envoûtés par l'amour de l'argent ; ils sont lancés dans les affaires de porte-monnaie magique et la magie pour s'enrichir rapidement. Alors le secret de la réussite commence avec Dieu et se poursuit par les compétences à rechercher. Ricardo Kaniama (2020 : 168) dans son livre *La chèvre de ma mère*, propose un modèle de réussite personnelle par ces paroles : « Trouvez-vous un modèle de réussite personnel, de préférence, un individu qui a brillé financièrement. Il sera votre mentor dans le domaine financier. Renseignez-vous au maximum sur sa vie ; ses activités, et ses principes. Si vous ne pouvez pas le rencontrer personnellement, lisez ces livres, son profil, écoutez ces disques ou ses enregistrements ». Il est évident que les expériences des autres peuvent nous aider à réussir, mais il ne faut jamais oublier en toute chose de mettre Dieu à la base.

4.2. Des jeunes leaders de haute destinée

Les expériences bibliques sont très riches d'exemples des jeunes leaders qui ont marqué positivement leur temps grâce à la qualité de leur intégrité et fidélité à Dieu. De manière générale, il y'a que deux possibilités de marquer son passage dans le monde, soit positivement ou négativement. Le monde cherche plus que jamais des leaders de haute valeur pouvant apporter une réforme. Les jeunes gens sont appelés à exercer vigoureusement leur potentialité pour obtenir des meilleurs résultats en tout temps et en toutes circonstances. Ceci est possible grâce à une éducation qui vise la formation des caractères christocentrés et à la lumière des Saintes Écritures. Nous avons l'exemple des jeunes grâce à leur intimité profonde avec le Christ Rédempteur ont pu gravir les hautes cimes. Ellen White (1968 : 24) dans *Messages à la jeunesse* a fait mention de telles réalités par ces expressions : « La vie de Joseph, de Daniel et de ses compagnons nous font voir la chaîne d'or de la vérité qui peut unir la jeunesse au trône de Dieu. Rien ne pouvait les détourner de leurs marche intègre. Ils préféreraient la faveur de Dieu à celle des princes : c'est pourquoi Dieu les a aimé et protégé ».

Les livres prophétiques de cette dame demeurent atemporels à cause de sa semence divine et très intéressants pour l'édification de tout individu. Les jeunes gens ont beaucoup d'intérêt à lire la Bible et les pages imprimées adventistes ; et surtout de mettre en pratique les conseils qui s'y trouvent et imiter les bons exemples comme la vie de Joseph et Daniel. Combien de jeunes d'aujourd'hui peuvent résister à la tentation et rester sobre pour honorer Dieu ? Combien peuvent rester fidèle à Dieu malgré les successions des épreuves pour attendre le secours de l'Éternel ?

L'exemple de la fidélité et d'intégrité de Joseph et Daniel sont des exemples spirituellement pertinents, très impressionnants dans l'histoire biblique. Sans doute, ce sont des cas des figures bibliques à imiter par les jeunes de notre ère dans le but de relever les défis de la société actuelle. Dans le même sens de raisonnement, Ellen White (1968 : 25) déclare que « Il vaut mieux, autant pour votre bien présent que pour votre bonheur éternel, que vous vous engagiez à fond dans la bonne voie, afin que le monde connaisse vos positions ». S'il y'a des positions à prendre dans la vie, c'est mieux de prendre une position pour Dieu malgré les prix à payer, car les récompenses seront au-dessus des épreuves.

L'histoire fascinante de Joseph résonne jusqu'à ce jour comme un puissant exemple à suivre par les jeunes de notre génération. De manière simple, l'histoire de Joseph se résume sur 4 P (Puit, Potiphar, Prison, Palais). Le premier P de Joseph arrive quand il se retrouvait dans le puit Genèse 37 : 22 : « Ruben leur dit : Ne répandez point le sang jetez-le dans cette citerne qui est au désert et ne mettez pas la main sur lui », ainsi Joseph se retrouve dans le puit jeté par ses propres frères. Le deuxième P de Joseph lorsqu'il se retrouve chez Potiphar (femme du roi) en Égypte là où Putiphar l'avait accusé de tentative de viol (Genèse 39 : 1). Ensuite, le troisième P de Joseph arrive quand il fut jeté en prison par le roi Pharaon suite à l'accusation de sa femme, Genèse 40 : 3 : « Et il les fit mettre dans la maison du chef des gardes, dans la prison, dans le lieu où Joseph était enfermé. Enfin, le quatrième P de Joseph c'est lorsque Joseph accède au palais, Genèse 41 : 41 dit : « Pharaon dit à Joseph : voit je te donne le commandement de tout le pays d'Égypte ». L'itinéraire de la vie de Joseph était tellement agité par la succession des épreuves, mais Joseph est resté intègre à ses principes grâce à la qualité de l'éducation qu'il a reçu des Saintes Écritures et de ses parents. En passant par le puit, chez Potiphar et la prison, Joseph est resté fidèle et intègre, c'est ce qui lui a permis d'accéder au palais du roi.

Le chemin de la réussite n'a pas toujours été facile et ne sera jamais facile. On peut se retrouver dans n'importe quel puit dans la vie, chez n'importe quel Potiphar et dans n'importe quelle prison ; mais si on demeure intègre à Dieu ; il fera des miracles pour nous faire sortir de n'importe quel obstacle pour nous hisser à la plus grande élévation. La Parole de Dieu atteste cette vérité manifestée dans la vie de Joseph dans Deutéronome 28 : 13 par ces paroles : « L'Éternel fera de toi la tête et non la queue, tu seras toujours en haut et tu ne seras jamais en bas, lorsque tu obéiras aux commandements de l'Éternel, ton Dieu, que je te prescris aujourd'hui, lorsque tu les observeras et les mettras en pratique ». De manière claire, l'intégrité à Dieu dans les épreuves rend héro comme ce fut le cas de Joseph.

4.2.1. Des jeunes appelés à gagner des âmes

« Satan est un ennemi vigilant, toujours occupé à conduire la jeunesse dans une voie contraire à celle que Dieu approuve. Il sait que personne ne peut faire autant de bien que les jeunes gens et les jeunes filles consacrées à Dieu », Ellen White (1968 : 202) démontre à suffisance les compétences que disposent les jeunes consacrés à Dieu. C'est pour cette raison que Satan ne laisse jamais les jeunes. Il multiplie les attaques répétées à travers plusieurs tentations pour les désorienter de la source de la sagesse et les capturer dans son filet. Nombreux sont les jeunes qui sont sous le joug des désirs charnels et ont refusé de servir Dieu. Ils gaspillent inutilement autant d'énergie dans les divertissements et les fêtes au détriment de leurs corps. Et pourtant dans la vision d'Ellen White (1968 : 204) Dieu a confié aux jeunes une œuvre sacrée : « Jeunes gens et jeunes filles, j'ai vu que Dieu a une œuvre en réserve pour vous ; prenez votre croix et suivez le Christ ; sinon, vous êtes indignes de lui ».

Prophétiquement parlant, les jeunes ont une lourde mission, celle de gagner les âmes à Dieu à travers l'œuvre missionnaire. Pour réussir à cette mission possible, ils ont quotidiennement besoin de la prière. Beaucoup de prière, beaucoup de puissance et peu de prière, peu de puissance. Gagner les âmes à Dieu, c'est déclarer la guerre à Satan et les arracher de l'emprise du diable. C'est une réalité incontestable que la prière est une puissance libéralisatrice de l'emprisonnement satanique.

En analysant la même réalité, Norman Vincent Peale (2006 : 42) déclare que « De nos jours, les gens prient davantage, car ils ont découvert que la prière augmente l'efficacité dans tous les domaines. Elle permet d'aller puiser des forces autrement inaccessibles, puis d'y avoir recours par la suite ». L'arme la plus redoutable dans la vie d'un chrétien est la prière. La prière rend les choses impossibles possibles. Tous les héros bibliques étaient des hommes et des femmes de prière. Joseph et Daniel étaient des jeunes qui consacraient beaucoup de leur temps à la connexion divine à travers la prière fervente.

La prière a une grande efficacité dans la vie. Dans le ministère de gain d'âme auquel Dieu appelle les jeunes à servir. La prière s'avère encore plus importante et incontournable. On ne peut pas réussir dans l'œuvre de Dieu sans la prière incessante. L'œuvre missionnaire rime toujours avec la prière sans cesse. La Bible nous recommande de prier pour tous nos besoins. Le livre de Philippiens 4 : 6 dit : « Ne vous inquiétez de rien ; mais en toute chose faites connaître vos besoins à Dieu par des prières et des supplications ; avec des actions de grâce ». De même, Ellen White (1968 : 207) nous recommande également dans ses messages à la jeunesse par ces mots : « Priez plus que vous ne chantez. La prière n'est-elle pas votre besoin principal ? Jeunes gens et jeunes filles, Dieu vous appelle à travailler pour lui. Modifiez radicalement votre ligne de conduite ».

Il est évident de noter que la prière ouvre les portes du succès dans nos occupations. Elle est une prescription divine pour lutter contre les pièges du mal et remporter la victoire. Norman Vincent Peale (2006 : 43) dans son ouvrage *La puissance de la pensée positive*, démontre l'expérience de la puissance de la prière en ces termes : « Si vous n'avez pas encore fait l'expérience de ce pouvoir, c'est que vous avez peut-être besoin d'acquérir des nouvelles techniques de prière. Il n'est pas mauvais d'envisager la prière sous l'angle de l'efficacité ». Les écrits adventistes et plus précisément les pages imprimées d'Ellen White édifient énormément les lecteurs à se forger, Dieu aidant, le genre de vie auquel ils aspirent profondément.

La mise en pratique de ces conseils proposés permettra de modifier radicalement les conditions d'existence actuelles, de maîtriser les événements et les améliorer par la grâce de Dieu. Il ne s'agit pas d'ignorer ou de minimiser les épreuves et les tragédies de ce monde ; mais plutôt de canaliser notre énergie spirituelle, afin de franchir par la puissance de la prière fervente les obstacles autrement insurmontables et faciliter le chemin aux âmes de venir à Christ le Rédempteur.

4.2.2. Le ministère au-delà de l'église

L'œuvre que Dieu a confié aux jeunes gens va au-delà de leur église. Elle se propage également dans toute la société dans laquelle nous vivons. Ils doivent accomplir un service désintéressé vis-à-vis de leurs semblables, en soulageant la souffrance humaine. L'œuvre missionnaire est très vaste et tout le monde doit œuvrer dans un domaine bien précis pour l'accomplir. Dans l'œuvre de Dieu, il y a de la place pour tout le monde et pour tous ceux qui ont l'esprit de sacrifice. Ellen White (1968 : 206) affirme que « Dieu a besoin de prédicateurs, d'ouvriers bibliques et colporteurs. Que nos jeunes gens et nos jeunes filles se lancent dans le colportage, l'évangélisation, le travail biblique, en s'associant à des ouvriers expérimentés, capable de leur enseigner à travailler avec succès ». Les prédicateurs, les ouvriers bibliques et les colporteurs sont des ministres de Dieu. Elle encourage les jeunes gens dans l'œuvre du colportage comme moyen puissant d'évangélisation en notre temps. C'est une œuvre missionnaire hautement sacrée.

En suivant scrupuleusement la vision de cette dame, l'église adventiste du septième jour a opté de créer un département des publications et esprits de prophétie pour accomplir cette mission évangélisatrice. Le ministère du colportage accomplit une œuvre missionnaire du premier ordre. Les livres qui sont distribués contiennent des vérités présentes et capable de sauver des vies. La mission du colportage à laquelle elle appelle les jeunes gens à exercer est une œuvre missionnaire la plus importante, car les colporteurs atteignent plusieurs personnes des différentes classes sociales dans un lapse de temps. Les colporteurs parcourent chaque jour les maisons, les marchés et les bureaux, les lieux parfois où le prédicateur de l'Évangile ne peut pas arriver. Si on veut facilement atteindre le monde par l'Évangile que le Christ nous a confié, le colportage est le meilleur moyen de l'accomplir rapidement. Elle était elle-même la pionnière de cette mission qui consiste à partager le message du salut contenu dans nos livres et pages imprimées, afin de gagner les âmes à Dieu. La volonté de Dieu est que l'homme doit être constamment en activité pour le salut des âmes. Ellen White (1968 : 214) nous rappelle que « Dieu veut que tout le monde travaille … Dieu est constamment en activité. Les anges aussi s'emploient à un ministère divin en faveur des hommes … Ceux qui pensent que le ciel sera un lieu d'oisiveté se trouveront déçus ; dans l'économie du ciel il n'y a pas de place pour la paresse ».

Quoi qu'on dise, les jeunes ont des potentialités et si leurs compétences sont orientées dans le bon sens ; elles produiront des résultats satisfaisants. « Le Seigneur demande à nos jeunes gens de se donner au colportage et à l'évangélisation, en allant de maison en maison, dans des endroits où la vérité ne s'est encore fait entendre » (Ellen White, 1968 : 218). Il est clair que dans la vision de cette dame, le Seigneur demande aux jeunes d'exercer dans l'œuvre du colportage avec efficacité. Non seulement elle est une œuvre sacrée, mais également une œuvre bénie et tous ceux qui acceptent d'exercer fidèlement dans ce ministère seront bénis ; parce qu'ils travailleront de concert avec les anges et l'Esprit Saint. Je suis l'exemple palpable de cette réalité. Suite à l'œuvre du colportage, le Seigneur m'a fait grâce ; j'ai payé mes études universitaires du cycle licence jusqu'au cycle doctorat et ainsi que la formation professionnelle. Ce que je suis devenu aujourd'hui, c'est grâce à l'œuvre du colportage que j'ai pu avoirs certains savoirs et les moyens financiers pour subvenir à mes besoins et joindre les deux bouts.

En répandant l'Évangile du salut à travers les pages imprimées dans les maisons et bureaux, nous accomplissons une œuvre missionnaire la plus importante. On ne perd jamais en travaillant pour Dieu dans le service de gain d'âmes. Aujourd'hui, beaucoup de jeunes gens se plaignent inutilement et se lamentent à cause des conditions de vie difficiles, de manque d'emplois et autres, mais oubliant totalement de donner la première place à Dieu. En gagnant des âmes pour le Seigneur, on gagnera aussi sa vie, car le Seigneur fait des miracles pour que ceux qui travaillent sous sa direction soient richement bénis. « Le colportage est un meilleur moyen à la disposition de la jeunesse pour se qualifier en vue du ministère. Que nos jeunes gens aillent dans les villes et les villages répandre les livres qui contiennent les vérités nécessaires au monde d'aujourd'hui » (Ellen White 1968 : 219).

Les jeunes de notre génération doivent innover et chercher des nouvelles stratégies d'évangélisation pour rendre ce ministère plus efficace et adapté aux réalités présentes. Le monde mute chaque jour et ainsi que les circonstances de la vie changent constamment avec le temps. Il est évident de noter qu'aucune réussite ne vient seule. La réussite dans la vie se trouve dans les épreuves traversées et non esquivées. On ne fuit jamais les obstacles à la réussite si on veut le succès dans ses entreprises. Il est vrai que c'est Dieu qui nous capacite à surmonter les épreuves, mais il faut se consacrer dans son service et avoir confiance en ses promesses. Les jeunes gens doivent être des vrais leaders pour Christ dans tous les domaines et que leur leadership doive influencer les hommes et les femmes à aspirer à la vie céleste. Ils doivent donc trouver en eux de véritables leaders pour le Dieu.

Le leadership des jeunes de notre époque doit s'en rimer à la nouvelle donne pour produire des résultats plus probants. Les nouvelles technologies de communication sont les atouts pour booster et multiplier les techniques d'évangélisation. L'utilisation efficiente de ces outils facilite la circulation rapide des messages du salut dans le monde. Étant l'église de "Il est écrit", nous enseignons les vérités sacrées qui doivent être répandues dans tous les coins et les recoins de la planète. Il faut des missionnaires volontaires pour accomplir cette mission. Pour le faire, les jeunes doivent être des vrais leaders pour Christ, chercher des nouvelles approches capables de répondre aux défis missionnaires du monde présent. Il faut aller au-delà du management pour devenir des véritables leaders capables : à établir des visions pour l'avenir, à encourager, à diriger, à guider, à aider et à gérer les ressources humaines, en entretenant des relations positives et réussies. Dans le même sillage d'idée, Dale Carnegie (1994 : 19) stipule qu'

> Aujourd'hui, ce simple « management » ne suffit plus. Le monde est trop imprévisible, trop volatil, trop changeant pour cette approche peu inspirée. Maintenant ce qui s'avère nécessaire est bien plus profond que le management traditionnel. Ce dont nous avons besoin c'est le leadership : aider chacun à réussir ce qu'il est capable de faire, établir une vision pour l'avenir, encourager, guider, établir et entretenir des relations réussies.

Il est évident de signaler que le monde a besoin des jeunes leaders avec des approches de leadership qualifié pour les réalités du monde en pleine mutation. Par leurs compétences et les atouts technologiques de notre époque ; les jeunes peuvent trouver en eux des grands leaders pour le Seigneur dans ce monde numérique. Les leaders missionnaires sont appelés à faire leur preuve dans le ministère d'évangélisation pour attirer les âmes à Christ par leur influence multiforme. Il est bien vrai que cette mission est un chemin parsemé d'épines et parfois des jérémiades, mais Dieu ne délaisse jamais ses serviteurs persévérants dans la foi. Ainsi, « Vous petits enfants, vous êtes de Dieu et vous avez vaincu ces gens-là ; car celui qui est en vous et plus grand que celui qui est dans le monde » (1 Jean 4 : 4). C'est clair, Dieu est incomparable à notre ennemi Satan, voilà pourquoi ceux qui se soumettent à sa direction dans l'œuvre missionnaire remportent toujours la victoire. Et chaque épreuve qui arrive est à notre portée : « L'épreuve qui vous a atteints n'a pas dépassée la mesure humaine. Dieu est fidèle : Il ne permettra pas que vous soyez éprouvés au-delà de vos forces. Mais avec les preuves, il donnera le moyen d'en sortir et la force de la supporter » (1 Cort 10 : 13).

Les épreuves de la vie sont à la dimension humaine et Dieu donne toujours la force pour les surmonter. Il faut également mentionner que les épreuves ont aussi leur importance, selon Ellen White (1968 : 114) : « Les épreuves de la vie sont des agents dont Dieu se sert pour discipliner et transformer notre caractère. Il est douloureux d'être par elles taillé, épuré, ciselé, lissé, poli, broyé sous la meule. Mais c'est ainsi seulement que l'on peut devenir une pierre vivante et authentique dans l'église du Seigneur ».

Ce chapitre, nous a présenté les provisions que procurent les résonances adventistes basées sur la crainte de Dieu. Les jeunes de notre ère peuvent devenir des grands leaders pour le Seigneur et gravir des hauteurs grâce à leur fidélité dans le service. Les écrits de cette dame et la Bible nous confirment qu'il y a beaucoup d'avantages liés à la crainte de l'Éternel à laquelle les jeunes d'aujourd'hui sont appelés.

Chapitre 5 : Jeunesse entreprenante pour un monde prospère

Dans le chapitre antérieur, on s'est proposé d'analyser les retombées de la crainte de l'Éternel relevée dans la vie des grandes figures bibliques de la foi et d'intégrité à Dieu. Nous proposons d'examiner dans ce dernier chapitre, une qualité de jeunesse qualifiée par l'esprit entrepreneurial dans le but d'assumer valablement ses responsabilités dans un monde des périples mutations. Par l'esprit entrepreneurial, conquérant et vainqueur, les jeunes de notre génération pourront être les hommes et les femmes dont le monde a le plus besoin pour répondre aux problèmes de leur société.

Les valeurs axiologiques enseignées par le système des valeurs purement adventistes propulsées par les pages imprimées et les écrits prophétiques de cette femme doivent servir comme des prescriptions à suivre : « Que notre jeunesse se mette au travail avec la détermination de parvenir au plus haut degré de connaissance humaine. N'attendez pas que les portes s'ouvrent toute grande devant vous, mais ouvrez-les-vous-même. Ne méprisez pas les petits commencements et faites des économies ; Ne dépensez pas l'argent donc vous disposez à la recherche de vos plaisirs ou à la satisfaction de votre gourmandise » (Ellen White,1968 : 172).

Plusieurs auteurs proposent d'avoir confiance en soi et cultiver la positivité d'esprit pour réussir à réaliser ses objectifs. David Schwartz (2015 : 37) déclare que « Voici la première étape vers la réussite. C'est une étape capitale. Il faut passer par elle. Etape numéro 1 : ayez confiance en vous même, croyez en vos chances de succès ». Pour lui, c'est la première étape pour réussir, mais la crainte de Dieu vient en tout. Il ne faut jamais se désespérer, à n'importe quels moments difficiles, il faut toujours être animé par l'esprit des conquérants et non de l'échec : « Penser succès non échec. Au travail comme chez vous, remplacer les idées d'échec par les idées de succès. Devant une situation difficile, dites-vous je vais gagner au lieu de je vais probablement échouer » (Schwartz, 2015 : 37-38).

5.1. Des jeunes conquérants et entrepreneurs

Dans un monde bouleversant et étendu, les jeunes gens sont appelés à être de très bonnes personnes dans l'optique de devenir des jeunes conquérants du succès dans ses différentes entreprises. Zig Ziglar (2015 : 43) affirme que « Les gens qui permettent de pratique morale douteuse, axé sur les plaisirs et les jeux, ne font pas partie d'un monde de « Belles personnes ». De mon observatoire, les véritables « Belles personnes » viennent de tous les milieux et souffrent parfois des handicapes, de toute sorte ». L'avenir s'annonce très rude, il faut donc être compétent en ayant des valeurs humaines pour y parvenir à des grands succès.

Plusieurs cas de figures sont mentionnés dans les Saintes Écritures, des personnes qui ont réussi suite à leur intégrité à Dieu. La fidélité à Dieu et à sa parole est une source indéfectible de tout succès dans le monde de tous les temps. Les principes de Dieu sont une clairvoyance spirituelle qui nous prévient de tromperies et séductions les plus féroces de ce monde. Ainsi donc, Ellen White (2013 : 331) dans son ouvrage *Le grand espoir*, soutient que « Au nombre des instruments les plus dangereux du grand séducteur, il faut classer les enseignements trompeurs et les prodiges mensongers du spiritisme ». Beaucoup de jeunes de notre ère sont tombés dans les pièges de Satan à travers les tromperies, le monde de rêves et de succès facile proposé par les loges et les sectes pernicieuses modernes.

Beaucoup de gens regrettent amèrement après avoir trempé les mains dans le spiritisme. Il se trouvent dans une condition sans dignité humaine et sans liberté. Se retrouvant dans une société secrète et difficile d'en sortir d'eux-mêmes à cause des pactes mystiques qui les lient, mais Dieu tout puissant Le Créateur de tout l'univers a le pouvoir de les libérer du joug du spiritisme. De nos jours, le spiritisme est un grand obstacle à la réussite de jeunes. Malheureusement, nombreux sont ceux qui refusent les voies du Seigneur pour suivre la facilité, l'enrichissement rapide et le chemin des raccourcis de l'argent sale qui est à l'origine de mort prématurée des jeunes. Le succès dans la vie ne vient pas du spiritisme ni de la chance, mais du travail acharné dans la crainte et confiance totale en Dieu Le Créateur.

Les jeunes conquérants et entreprenants doivent aussi combattre l'esprit du désespoir et du pessimisme. Il est vrai qu'il y'a des raisons qui peuvent provoquer le sentiment du désespoir, mais nous ne devons jamais tomber dans cette prison. La gloire et la réussite viennent toujours d'énorme sacrifice, mais pas du fruit du hasard et de la chance. Zig Ziglar (2015 : 43) nous révèle que « Ces prisonniers de l'espoir sont les gens qui espèrent qu'un jour, en marchant dans la rue, ils buteront contre une boîte où un sac qui contiendra leur fortune personnelle. Ils espèrent le grand coup de chance qu'il leur donnera la gloire et la fortune instantanée ».

5.1.1. La discipline de la réussite comme facteur d'éducation

La conception de la réussite est parfois mal interprétée, c'est vrai qu'il est difficile de cerner avec précision et statistique, mais la réussite est concrètement l'opposé de l'échec. Alors pour réussir dans la vie, il n'y a une discipline à suivre, il y a des normes et des interdits. C'est ce qu'on appelle ici "discipline de la réussite" qui constitue les canevas à suivre pour arriver à surmonter les différents obstacles qui se dressent sur le chemin. Aucune réussite n'est possible sans la discipline. Il faut noter que le désordre est un chemin de l'échec. Le contraire de la discipline est l'indiscipline, c'est-à-dire le monde du désordre. La pratique du désordre dans toutes ses formes n'avantage pas les jeunes qui cherchent à réussir. En effet, le désordre est l'ennemi du succès. La discipline conduit à la réussite, tandis que le désordre mène à l'échec. Plusieurs jeunes gens ont gâché leur avenir à cause d'une vie désordonnée qu'ils ont mené. Par contre, nombreux sont également ceux qui ont réussi grâce à la qualité de leur vie disciplinée. Et donc, la discipline est la clé du succès dans la vie de l'homme.

Les leaders actuels, notamment les jeunes sont appelés à transformer le monde à partir de leurs efforts. Ils doivent agir avec discipline de la réussite dans le but de transformer les épreuves en victoires. Dans ce même raisonnement, Ryan Holiday (2018 : 90) déclare que « Dans la vie, peu importe ce qui vous arrive ou d'où vous venez. Ce qui importe, c'est ce que vous faites face aux évènements et avec les cartes qu'on vous a distribué. La seule façon de faire quelque chose de spectaculaire et de le transformer à votre avantage ».

Il faut signaler que tous les problèmes ont des solutions. Et on ne peut pas réussir sans traverser les obstacles. La discipline de la réussite exige l'action appropriée ; il faut passer à l'acte ; il faut agir face aux événements qui se présentent sur votre chemin de réussite. La meilleure façon de réussir dans la vie est de transformer les difficultés à notre avantage. Evina Mendomo (2023 : 18) soutient que « Il faut admettre que tant que nous vivons sur cette terre, il y aura toujours des choses qui nous ferons mal, auquel nous sommes appelés à supporter ». L'action d'agir et de faire face à n'importe quelle situation est une discipline de l'action qui conduit à la victoire.

Sans la lutte, on ne peut jamais obtenir la victoire. Lorsque le problème est identifié, il reste l'agir compétent. « Ignorer le problème ou jouer à faire semblant est plus agréable, mais on sait au fond de nous que ça ne va pas arranger les choses. Il faut agir. Et agir maintenant » (Ryan Holiday, 2018 : 90). Aucun problème se résout seul ; il faut toujours agir pour trouver les solutions aux problèmes posés par soi-même. Aucune solution à nos différentes difficultés viendra seule. Ceux qui réussissent sont ceux qui n'ont pas peur d'affronter les obstacles, peu importe les origines et leurs férocités. Ce qui importe le plus, c'est les transformer à leur avantage. Ainsi, déclare Ryan Holiday (2018 : 91) que « Personne ne viendra nous sauver. Si nous voulons parvenir là où nous le souhaitons, atteindre notre objectif, il n'y a qu'un seul chemin : répondre au problème par l'action appropriée ».

Les jeunes gens qui aspirent véritablement à la réussite se comporte différemment par leur idéal élevé de la discipline de réussite. Malheureusement, « Il en est beaucoup qui pourraient accomplir une œuvre excellente et qui échouent lamentablement parce qu'ils manquent de courage » (Ellen White, 1968 : 190). Si les jeunes mettent leur courage en pratique ; ils pourront être ce que Dieu veut qu'ils soient dans leur société. Plusieurs personnes ne sont pas là où Dieu veut qu'ils soient à cause de manque de volonté d'agir compétent. Aujourd'hui, les jeunes sont beaucoup plus caractérisés par l'esprit pessimiste et le découragement. Ils abandonnent facilement leurs objectifs face aux périples difficultés rencontrées. C'est la raison qui justifie la plupart des échecs dans le milieu jeune. À force de tenter sans réussir, plusieurs jeunes se découragent et abandonnent pour toujours leurs rêves. L'origine de l'échec émane du manque de l'autodiscipline et de la maîtrise de soi avant la maîtrise des situations difficiles.

La plupart des ennemis à la réussite vient de nous-même, de notre incapacité à vaincre notre crainte face aux adversités de la vie. Nous devons apprendre à se discipliner par soi-même et à se maîtriser soi-même. C'est l'idée que soutient Ellen White (1968 : 132) dans *Messages à la jeunesse* par ces paroles que « Celui qui a appris à gouverner son esprit, saura s'élever au-dessus des manques d'égards, des rebuffades, des vexations auxquelles il est exposé tous les jours, et qui cesseront, dès lors, de l'assombrir ». Il est clair que cela est possible si nous respectons cette discipline, mais c'est la prière qui nous donne la force de gouverner notre esprit pour affronter rigoureusement les épreuves qui se présentent sur notre chemin. Norman Vincent Peale (2006 : 43) nous confirme cette réalité en ces termes :« N'oubliez pas que la prière est la plus grande force mise à votre disposition aujourd'hui, dans le monde même où vous vivez ». Dans le chemin de la réussite, il faut toujours vaquer dans la prière afin d'arriver à la bonne destination. La prière est une arme spirituelle qui connecte l'être humain à Dieu dans l'optique de recevoir le secours divin durant les moments de détresse. En principe, toutes les techniques qui permettront à faire manifester la puissance de Dieu en nous sont grandement recommandées.

Les enseignements adventistes regorgent beaucoup des secrets de la réussite et les cas de figures bibliques pertinentes qui sont des exemples à suivre. Nous avons notamment le cas de Daniel et ses compagnons et le cas de Joseph. Les Saintes Écritures nous présentent le secret de la vie de Joseph. Jacob prononça la bénédiction adressée à son enfant par ces vers poétiques :

> Joseph est le rejeton d'un arbre fertile,
>
> Le rejeton d'un arbre fertile près d'une source ;
>
> Les branches s'élèvent au-dessus de la muraille.
>
> Ils l'ont provoqué, ils ont lancé les traits ;
>
> Les archers l'homme poursuivi de leur haine.
>
> Mais son arc est demeuré ferme,
>
> Et ses mains étaient fortifiées.
>
> Par les mains du puissant de Jacob :

Il est ainsi le berger, le rocher d'Israël.

C'est l'œuvre du Dieu de ton père, qui t'aidera ;

Des bénédictions des cieux en haut,

Des bénédictions des eaux en bas,

Des bénédictions de mamelles et du sein maternel.

Les bénédictions de ton père s'élèvent.

Au-dessus de bénédictions de mes pères.

Jusqu'à la cime des collines éternelles :

Qu'elle soit sur la tête de Joseph,

Sur le sommet de la tête du prince de ses frères !

(Genèse 49 :22- 26).

Ces vers poétiques de Jacob attestent clairement des paroles de bénédictions adressées par un père à son fils préféré. Ces paroles pleines de grâces révèlent une puissante prière dirigée à Dieu en faveur de Joseph. Une prière de bénédiction et d'élévations multiformes. L'historicité de ce poème remonte à l'époque de l'Égypte pharaonique, la plus grande nation, en ce qui concerne l'histoire, la civilisation, les arts et les sciences, aucune autre ne l'égalait. Pendant une période de difficultés et des dangers - la famine -, Joseph administra les affaires de ce royaume et gagna la confiance du roi et du peuple (Ellen White, 1976 : 50). Et Pharaon « L'établit Seigneur sur sa maison, et gouverneur de tous ses biens, afin qu'il puisse à son gré enchaîner ses princes, et qu'il enseignât la sagesse à ses anciens » (Psaumes 105 : 21-22).

La réussite de Joseph porte les empreintes de la puissance divine, venant « Par les mains du puissant de Jacob ». La bénédiction de Dieu est indescriptible et porte ses marques. Le secret de la réussite de Joseph vient de Dieu, grâce à sa loyauté et sa foi en l'Éternel qui est sans doute, le secret de sa puissance. Bien que son chemin n'était pas du tout facile, mais à la fin, il a été couronné gouverneur dans le palais du roi. Comme nous l'avons si bien mentionné antérieurement, il était passé par un itinéraire très agité que nous avons désigné par 4 P de Joseph notamment (**Puit, Potiphar, Prison, Palais**). L'intégrité de Joseph à travers les 3 P l'a permis d'accéder au 4e P qui est la P de victoire. Numériquement parlant, il y a plusieurs difficultés sur le chemin d'une réussite. Sur les 4 P de Joseph on a enregistré 3 P qui sont les moments des obstacles à franchir et un seul P pour la réussite. Donc, la réussite vient toujours au bout de l'effort et à la fin des obstacles traversés et non esquivés. Les épreuves de la vie précèdent le succès.

Ce poème de prière de bénédiction dit par Jacob à l'endroit de son fils Joseph trahit clairement le secret de la réussite de ce dernier. La lecture poétique de ces vers riche en image, principalement la métaphore : « Joseph est le rejeton », « Le rejeton d'un arbre fertile près d'une source » comparent Joseph au « rejeton d'un arbre fertile ». "Un arbre fertile " qui produira les fruits de bénédictions. En plus, l'anaphore suivante : « Des bénédictions » répétée anaphoriquement au début de trois vers, expriment une prière d'insistance destinée à implorer les bénédictions sur Joseph. Cette répétition démontre également l'amour propre de son père et son désir profond adressé par cette prière de bénédiction. Il faut aussi noter que les bénédictions de Dieu sont supérieures aux bénédictions de parents.

Si Dieu bénit, personne ne peut maudire, ni arracher ses bénédictions. Les parents doivent aussi cultiver la volonté de bénir les enfants, car « L'Éternel, l'Éternel, Dieu miséricordieux et compatissant, lent à la colère, riche en bonté et en fidélité, qui conserve son amour jusqu'à mil générations, qui pardonne l'iniquité, la rébellion et le péché, mais qui ne tient point le coupable pour innocent, et qui punit l'iniquité des pères sur les enfants et sur les enfants des enfants jusqu'à la troisième et à la quatrième génération » Exode (34 : 6-7). Il y a certaines cimes dans la vie qu'on peut gravir que par la puissance divine. La discipline de la réussite est aussi la sagesse de se dépendre de Dieu et de Lui soumettre ses luttes et ses combats, afin de recevoir une intervention céleste : c'était le secret indéfectible de la grandeur de Joseph.

5.1.2. La discipline de la volonté comme un vecteur du succès

Tout individu a besoin de la discipline de la volonté comme une force nécessaire de réussite et de résistance face aux adversités. La discipline de la volonté sous-tend la maîtrise de soi dans l'action résiliente pour faire face aux défis de la vie quotidienne. Ellen White (1968 : 132) affirme que « Gouverner son esprit, c'est se discipliner soi-même ; c'est résister au mal, c'est régler chacune de ses paroles de chacun de ses actes d'après la sublime règle de justice que Dieu nous a donné ». Les jeunes gens de notre époque doivent disposer cette discipline de la volonté ; cette discipline qui pousse à l'agir compétent devant les situations problèmes qu'on rencontre dans la vie quotidienne.

Les jeunes de notre génération doivent se considérer chacun comme il est sorti d'Égypte. Comme ce fut l'exemple des Juifs, privés de leur patrie pendant des siècles, avec leur temple détruit et leur communauté éparpillée partout dans le monde, ont été obligés de se reconstruire n'ont pas physiquement, mais mentalement (Ryan Holiday, 2018 : 168). Cet exemple est un prototype de la manifestation de la discipline de la volonté dans la vie du peuple Israël qui a rendu possible la reconstruction de l'État Israël. Cette dynamique qui a favorisé cette reconstruction a été a priori mental avant d'être physique et spirituel. La force la plus importante qui pousse l'homme à l'action est la force intérieure émanant d'une volonté réelle qui conduit l'action de l'homme orientée vers l'extérieur. Et donc, notre agissement dépend de la discipline de notre volonté intérieure. Plus notre volonté d'agir est disciplinée, plus notre action vers l'extérieur sera diligente et résiliente.

Le monde présent a plus besoin de bâtisseurs et non des destructeurs. Ainsi, pour être un bon bâtisseur ; il faut avoir une discipline de la volonté sans laquelle l'action ne peut être possible ni efficace. Faisant la différence entre l'action et la volonté, Ryan Holiday (2018 : 157) déclare que « Si l'action est ce que nous faisons lorsque nous contrôlons encore un peu la situation, la volonté est ce dont nous dépendons lorsque nous ne maîtrisons plus rien ». La volonté agissante doit être le credo de tout individu qui prétend être un bâtisseur du progrès. La volonté est un pouvoir d'agir compétent. Il faut savoir cultiver la volonté, car cela prépare l'individu à l'adversité et au bouleversement de situations de vie. Nous devons apprendre la discipline de la volonté pour traverser les moments les plus difficiles.

La dynamique intérieure doit nous pousser davantage pour avoir l'avantage sur l'adversité et maitriser les situations compliquées. Nous devons toujours nous préparer au pire, toujours gérer les attentes, toujours persévérer, toujours apprendre à accepter notre destin, toujours se soumettre à une cause plus grande, toujours se rappeler de notre moralité et toujours se préparer à recommencer le cycle une autre fois. Pour être un jeune bâtisseur d'un monde meilleur ; il faut changer son état d'esprit, un changement mental et psychologique. Dans le même point d'idée, Joseph Murphy (2010 : 15) soutient que « Pour arriver à transformer votre vie, il faut à tout prix que vous changez votre état d'esprit... en partant de l'intérieur vers l'extérieur ». Une vie de discipline intérieure et extérieur rend l'homme selon le bon vouloir du Créateur. Par contre, le désordre et le manque de volonté conduisent à la déroute et au découragement. C'est pourquoi : « Tous ceux dont la foi ne repose pas fermement sur la Parole de Dieu seront séduits et succomberont » (Ellen White 2012 : 45). Les Saintes Écritures sont les bases de la discipline de volonté face à n'importe quelle situation présente.

Par ailleurs, l'indiscipline intérieure détruit la volonté d'agir compétent face aux difficultés. Cette indiscipline peut être la rébellion à la volonté de Dieu pour marcher selon la philosophie humaine. Alors que toute action humaine dépourvue de la clairvoyance spirituelle ne peut pas conduire à une action réussite, sinon à une catastrophe causée par la folie humaine. La véritable volonté qui guide l'action de succès est inspirée par l'Esprit Saint lorsqu'on marche en conformité à la Parole de Dieu. Mais les faux intellects pensent que la volonté agissante émane de l'intellect et uniquement de l'aspect intellectuel le plus élevé. C'est l'idée qu'Ellen White (2012 : 42) décrit par rapport à la considération du spiritisme : « Aux personnes cultivées et raffinées, le prince des ténèbres présente le spiritisme sous un aspect élevé et intellectuel. Il captive la fantaisie par des scènes grandioses et d'éloquentes descriptions de l'amour et de la charité. Il pousse les gens à tirer un tel orgueil de leur propre sagesse que dans leur cœur ils viennent à mépriser l'Éternel ». Le spiritisme n'est pas biblique et ne peut véritablement aider à construire une volonté des grands bâtisseurs. Cette volonté recherchée vient de l'Éternel et non du spiritisme et des scènes miraculeuses et spectaculaires. Toute élévation soit physique, mentale ou spirituelle vient de Dieu.

Tout homme qui souhaite être un bon bâtisseur, doit construire une puissante volonté agissante et compétente. Pour y arriver ; il faut le changement d'esprit. Il faut savoir se dépendre de Dieu et travailler son subconscient. Il est évident d'avoir conscience de l'importance de la présence de Dieu dans notre vie, mais également, il est important de façonner notre fond intérieur pour mieux orienter nos pensées et actions. Pour Joseph Murphy (2010 : 215) : « Si vous désirez des changements dans votre vie, il faut absolument que vous transformiez votre esprit. Non pas celui qui est habituellement aux commandes, mais votre « sub-esprit », c'est-à-dire l'univers souterrain qu'est votre subconscient ». Le vocable « subconscient » renvoie au concept de psychanalyse de Freud qui catégorise la pensée du moi en trois (conscience, l'inconscience et le subconscience). La subconscience règlemente et censure les actions et les pensées du moi. Selon Joseph Murphy (2010 : 2015) : « Votre subconscient est une grande chambre noire. C'est l'endroit secret où votre vie s'élabore, se forme et se transforme ». Cette définition du mot subconscient renvoie aussi aux attributs du Saint-Esprit et sur ce que le Saint-Esprit accomplit dans la vie d'un enfant de Dieu.

Bibliquement parlant, cette réalité se rapporte à l'esprit du discernement qui est la source de sagesse. C'est pourquoi le livre d'Esaïe 11 : 2 dit : « Sur lui reposera l'Esprit du Seigneur, esprit de sagesse et de discernement » et pour cette raison que la Parole de Dieu nous recommande dans Romains 12 : 2 : « Ne vous conformez pas au siècle présent, mais soyez transformé par le renouvellement de l'intelligence, afin que vous discerniez quelle est la volonté de Dieu, ce qui est bon, agréable et parfait ». Se laisser conduire par la volonté divine est le meilleur discernement pour faire face aux adversités. C'est aussi la discipline de la volonté agissante. Les pages imprimées adventistes enseignent aux jeunes de se conformer à la volonté de Dieu dans tous les aspects de leur vie. Tous nos actions doivent être guidés par le Saint-Esprit et non par notre intelligence. Tout comme Sigmund Freud affirmait : « Le moi n'est pas maître dans sa propre maison », Ellen White (1968 : 13) s'adressant à la jeunesse affirmait que « Personne ne peut gouverner son esprit par ses propres forces ; Mais par Christ on peut obtenir la maîtrise de soi-même. C'est lui qui amène nos pensées et nos paroles captives à la volonté de Dieu ». Nous enregistrons beaucoup d'échecs dans le monde à cause de l'orgueil humain qui pense qu'il pourra tout faire de lui-même sans l'appui de Dieu. L'intelligence humaine n'est que la folie devant Dieu, parce que l'homme est limité par sa nature humaine.

De nos jours, les jeunes gens doivent être conscients qu'ils sont appelés à être des vrais bâtisseurs et non des destructeurs. Cela est possible par la volonté de Dieu et pouvoir franchir les obstacles. La conformité sincère à la volonté divine facilitera et guidera leur performance dans les interactions de la prospérité qui ne sera pas facile, mais possible par la volonté céleste.

5.2. Entre les obstacles et l'avenir radieux

La vie n'a jamais été un long fleuve tranquille. À combien plus forte raison que le chemin de la réussite. Le succès s'obtient après avoir traversé plusieurs zones de turbulences. La réussite arrive toujours au bout de l'effort. Personne ne peut réussir sans obstacle. La passion du Christ le Rédempteur en est la parfaite illustration. Pour sauver l'humanité de la mort éternelle, il a fallu que Christ passe par le chemin de la croix. Pour arriver au palais du roi, Daniel était passé par la fosse aux lions et la fournaise ardente. Et Joseph pour arriver au palais du roi, il a fallu qu'il passe par le puit, chez Potiphar et la prison. Pour ne citer que ceux-là, qui sont des figures emblématiques et bibliques de bravoure et vaillance dans les moments les plus horribles de l'histoire. Les jeunes de notre ère peuvent s'inspirer de ces exemples pertinents pour transformer les obstacles en opportunités. En effet, le chemin des obstacles est le chemin de la réussite et le chemin de la réussite est le chemin des obstacles.

Clairement, il faut toujours oser et prendre des risques d'affronter les obstacles dans la vie. Rien de grand sera fait si on esquive les épreuves. Ryan Holiday (2018 : 104) propose ces maximes :

> Ne jamais se presser ;
>
> Ne jamais s'angoisser,
>
> Ne jamais se désespérer,
>
> Ne jamais s'arrêter net,
>
> Répétez-vous la phrase préférée d'Epictète : « persévérer et résister ». Persévérer dans l'effort résister à la distraction au découragement et au désordre.

Ces maximes de Ryan Holiday s'avèrent intéressantes pour les jeunes de notre génération caractérisée par la précipitation, l'angoisse, le désespoir, la lâcheté, la distraction, le découragement et le désordre. C'est la réalité que vit la jeunesse de notre temps. Le présent conseil de ces maximes est d'une importance capitale et peut aider à développer les compétences nécessaires pour franchir les obstacles. Nombreux sont les personnes qui se découragent vite et abandonnent leurs rêves pour se lancer dans la l'oisiveté et la vie de débauche dans le but de noyer leurs soucis. Au lieu d'abandonner, il conseille de recommencer sur les nouvelles bases. Ryan Holiday (2018 : 104) dans cette même analogie propose de tracer avec persévérance de nouveau chemin par ces mots : « Entamer de nouvelles choses signifie invariablement rencontrer des obstacles. Par définition, un nouveau chemin n'est pas balisé. Ce n'est qu'avec la persévérance et du temps que l'on arrive à le tracé ».

Malgré les obstacles que comporte la vie, on est appelé à aspirer au progrès, parce que notre destinée est bien tracée par Le Créateur depuis le commencement. En s'appuyant sur Lui, nous pouvons franchir n'importe quel obstacle pour bâtir un monde meilleur. Ellen White (1968 : 186) déclare que « Le jeune homme qui doit débuter tout au bas de l'échelle, loin de se décourager, doit décider de gravir échelon après échelon jusqu'à ce qu'il entende la voix du Christ lui disant "Mon enfant, monte plus haut" ». Les pages imprimées adventistes tout comme les analyses scientifiques attestent que l'homme est appelé à prendre des risques positifs pour affronter les difficultés et les transformer en opportunités. Ainsi que les jeunes gens sont également encouragés à rêver grand et à prospérer de la plus belle manière et continuellement.

5.2.1. Une éducation destinée pour la réussite

Les enseignements bibliques et les pages imprimées adventistes abondent des explications sur la destinée glorieuse de ceux qui obéissent à la volonté divine. Les écrits d'Ellen White contiennent aussi plein d'espoir pour ce monde criblé du désespoir. Il y'a avec Dieu une possibilité d'avoir une merveilleuse destinée. Malgré les souffrances qui font rage, il y'a le pouvoir du triompher dans la Parole de Dieu. Il est celui qui rend parfait le génie humain. Nul n'est génie de lui-même, c'est la présence de Dieu dans la vie de l'homme qui guide son intelligence à la perfection. Pour élucider cette réalité, Ellen White (2012 : 27) déclare que « Les connaissances humaines sont partielles et imparfaites ; Il s'ensuit que plusieurs sont incapables de faire concorder leurs notions scientifiques aux écritures ».

Les jeunes gens de notre époque ont besoin de fonder leur science sur les bases spirituelles, c'est-à-dire, à la lumière des Saintes Écritures. Cette sagesse divine leur permettra de bâtir les performances multiples capables d'innover et de créer les valeurs ajoutées. Plusieurs études démontrent que la foi et la croyance en Dieu est une base primordiale du succès dans les projets. Cela a été prouvé même par ceux qui ne sont pas engagés dans la foi chrétienne. C'est pourquoi les paroles de Jérémie 29 : 11 confirment que « Car je connais les projets que j'ai formé sur vous, dit l'Éternel, projet de paix et non de malheur, afin de vous donner un avenir et de l'espérance ». Ces paroles nous prouvent que la destinée glorieuse a été déjà tracé par Dieu. Il suffit d'y croire et de se laisser guider par Dieu dans tous nos projets. Les promesses de l'Éternel sont certains et ses bontés ne sont pas épuisées, ses promesses s'accomplissent toujours. Malheureusement, beaucoup n'espèrent pas en Éternel et échouent lamentablement.

La foi en la promesse de Dieu ne rend pas les choses faciles, mais rend les choses possibles. Beaucoup sont tombés par ce qu'ils ont reçu les faux enseignements qui enseignent la réussite sans souffrances ni difficultés. Pourtant, ce n'est pas ce qu'enseigne la Parole de Dieu. Les écritures nous enseignent la bravoure, la persévérance et bien des qualités qui permettent de bâtir le succès. Ellen White (1968 : 180) précise que « Des jeunes qui n'ont jamais réussi dans les affaires temporelles de la vie ne sont guère préparés à s'acquitter de devoirs plus élevés ». Bien que Dieu aplanît le chemin de réussite, il faut toujours accomplir son devoir pour que la bénédiction de Dieu se manifeste. Dieu bénit l'effort et non le vide. Il bénit et accomplit les projets de ses enfants. Plusieurs jeunes vivent sans projet et non aucun rêve, et attendent qu'un miracle se produise dans leur vie ; cela n'arrivera jamais.

Les jeunes bâtisseurs de l'avenir meilleur ne sont pas oisifs, mais ils sont des entrepreneurs performants et possèdent des objectifs clairs et bien définis. Il ne suffit pas seulement de rêver et les choses vont arriver seules, il ne suffit pas de croire en Dieu et les choses vont se réaliser aisément sans aucun effort. Mais il faut réaliser ses rêves et les transformer en une réalité. Par les efforts persévérants, on y arrive au bout du tunnel. Dans la même perspective, Zig Ziglar (2015 : 172) relève ceci : « Si notre objectif est d'accéder à une vie plus riche, notre objectif quotidien devrait inclure un effort pour faire mieux aujourd'hui qu'hier. Si nous espérons changer et améliorer notre situation nous devons, de toute évidence nous transformer et nous perfectionner nous-mêmes ». Sans l'effort quotidien de faire mieux qu'hier, notre situation demeurera stable ou pire qu'hier. Les objectifs journaliers font partie des indicateurs du progrès dans la réalisation de nos projets.

Les jeunes entrepreneurs et bâtisseurs sont ceux qui mettent Dieu au centre de tous leurs projets, car Dieu a le pouvoir d'accomplir les choses impossibles aux hommes. En se fiant sur les promesses de l'Éternel et par le culte du travail, on parviendra à réaliser des grands exploits. Les connaissances entrepreneuriales ne sont pas à négliger, puisque c'est Lui qui donne l'intelligence et la sagesse dans les domaines du savoir. Les savoirs sur l'entrepreneuriat doivent aussi guider les jeunes gens à développer leurs compétences dans ce domaine, afin de devenir des grands entrepreneurs et propriétaires des grandes entreprises. Ceci permettra l'autonomie financière et des grandes réalisations. Les jeunes sont appelés à se former pour orienter leurs efforts dans la bonne direction. Le quadrant du CASHFLOW proposé par Robert Kiyosaki (2014 : 31) catégorise la position de chaque individu par ces quatre lettres suivantes :

E : Employé

T : Travailleur autonome et propriétaire d'une entreprise

P : Propriétaire d'une grande entreprise

I : Investisseur

Figure1 : Les 4 quadrants de Robert T. Kiyosaki

Selon l'analyse simplifiée de ce schéma, chacun de nous se situe au moins dans l'un de ces quatre quadrants du Cashflow. La provenance de notre revenu détermine notre position. Selon cette représentation, Robert Kiyosaki (2014 : 31) démontre qu'« Un grand nombre d'entre nous sont des employés qui dépendent d'un chèque de paye, alors que d'autres sont de travailleurs autonomes. Les employés et les travailleurs autonomes se situent dans la partie gauche du quadrant du Cashflow. La partie droite est réservée à ceux dont les revenus proviennent de leurs propres entreprises ou de leurs investissements ». Ce schéma est le moyen le plus facile de catégoriser les gens en se basant sur la source de leurs revenus. Chaque quadrant est unique et les gens qui évoluent à l'intérieur partagent les mêmes caractéristiques.

À travers ces quatre quadrants, chacun de nous peut reconnaître là où il se situe aujourd'hui et peut aider à élaborer les perspectives par rapport à la position qu'on veut être dans le futur. Robert Kiyosaki (2014 : 32) nous propose un cheminement qui permet d'atteindre la liberté financière en ces mots : « Bien que la liberté financière puisse se trouver dans chacun des quatre quadrants, les habilités d'un **P** ou d'un **I** vous aideront à atteindre vos buts financiers plus rapidement. Un **E** prospère se doit de devenir un **I** pour assurer sa sécurité financière au moment de la retraite ». Ce quadrant du Cashflow fait partie des connaissances en entrepreneuriat qui aidera efficacement chacun à connaître sa position dans la croissance financière et opter un changement pour un schéma plus radieux.

Les jeunes entrepreneurs doivent se servir de tous les savoirs professionnels pour devenir performants et capables à être des grands employeurs et créateurs de richesses. La Parole de Dieu aussi l'a promis dans deutéronome 28 : 13 que « l'Éternel fera de toi la tête et non la queue, tu seras toujours en haut et tu ne seras jamais en bas, lorsque tu obéiras au commandement de l'Éternel, ton Dieu, que je te prescris aujourd'hui, lorsque tu les observeras et les mettra en pratique ». La Parole de Dieu est claire sur ce point que l'Éternel veille sur l'avenir de ses enfants obéissant à sa volonté et il fera d'eux la tête et non la queue. Ceux qui aspirent à la réussite doivent apprendre à investir.

Selon Robert Kiyosaki (2014 : 139) : « Le succès ou l'échec, la richesse ou la pauvreté, dépendent uniquement de l'intelligence financière de l'investisseur. Un investisseur averti gagnera des millions à la Bourse. Un amateur perdra des millions ». Ce raisonnement est logique, mais limité par ce qu'il ne fait pas mention de la présence de Dieu. C'est la présence de Dieu qui capacite, qui investit les facultés nécessaires pour devenir un bon investisseur et grand propriétaire des entreprises ; car « Si l'Éternel ne bâtit la maison, ce qui la bâtissent travaillent en vain ; Si l'Eternel ne garde la ville, celui qui la garde veille en vain » (Psaumes 127 : 1).

Le changement de mentalité de notre éducation financière nous aidera à être un investisseur à long terme. Investir avec Dieu c'est investir dans le bon sens. Pour réussir dans les investissements, il faut donner la priorité à Dieu, puis acquérir des connaissances professionnelles, savoir les mettre en pratique et l'argent viendra. C'est l'idée que partage David Schwartz (2015 : 237) que « Le germe de l'argent c'est le service. L'attitude qui consiste à servir les autres avant tout est source de richesse. Servez les autres et l'argent viendra de lui-même ». En servant les autres, nous servons Dieu notre Créateur et possesseur de tout ce qui s'y trouve dans l'univers : « L'argent est à moi, et l'or est à moi, dit l'Éternel des armées » (Agée 2 : 8).

Les résonances bibliques prouvent clairement que Dieu a prédestiné ses enfants à la réussite, à devenir de grands investisseurs et propriétaires des grandes entreprises s'ils gardent et mettent ses commandements en pratique. Les écrits de cette dame font preuve de cette vérité qui n'exclut pas aussi la considération des compétences professionnelles nécessaires dans chaque domaine de métier. Les jeunes qui appliqueront les conseils de nos pages imprimées et les connaissances variées de l'entrepreneuriat seront qualifiés à devenir des grands employeurs, des hautes personnalités et propriétés des grandes entreprises.

5.2.2. De la médiocrité prisonnière au génie libérateur

En étudiant la philosophie du succès, j'ai découvert que plusieurs personnes n'ont pas le désir de prospérer. Les gens sont dans la captivité de l'esprit pessimiste. Ils n'ont aucune intelligence financière, aucune envie qui les pousse à chercher la sagesse, à entreprendre, à économiser, à persévérer et à investir. C'est la cause principale de la pauvreté grandissante dans le monde. Aucune réussite ne peut se faire sans le désir de réussir et de prospérer. Cet ouvrage a pour but de sensibiliser pour la prise de conscience collective et individuelle de notre état de la médiocrité dans l'objectif de combattre l'ignorance et sortir de l'esprit pessimiste. Pourquoi beaucoup de chrétiens sont pauvres ? Est-il une mauvaise interprétation de la Bible ? Plusieurs vous diront avec ignorance que la pauvreté est la volonté de Dieu. C'est très faux, la pauvreté n'est pas une condition pour hériter le royaume des cieux ni pour devenir un bon chrétien. C'est une interprétation erronée de la Bible, beaucoup les chrétiens malheureusement sont très pauvres parce qu'ils ont cru à cette croyance fausse.

Nombreux ont égaré les fidèles par leur mauvaise interprétation de la Parole de Dieu et leur limitation mentale. Et alors, plusieurs passages bibliques ont été mal interprétés, par conséquent a contribués au développement de l'esprit de la pauvreté et de la médiocrité comme valeur spirituelle, et comme conditions pour accéder dans le royaume des cieux. Parmi ces passages nous avons Luc 4 :18-19 dans lequel Jésus présente clairement son mandat évangélique : « L'Esprit du Seigneur est sur moi, parce qu'il m'a oint pour annoncer une bonne nouvelle aux pauvres ; il m'a envoyé pour guérir ceux qui ont le cœur brisé, pour proclamer aux captifs la délivrance, et aux aveugles le recouvrement de la vue, pour renvoyer libres les opprimés, pour publier une armée de grâce ». L'interprétation faite de ce passage est l'une des causes que les chrétiens se consolent d'être pauvre et sont contents de demeurer dans cette situation pour hériter le ciel. Pourtant l'analyse approfondie de ce passage nous montre une réalité contraire. Jésus dit « ... pour annoncer une bonne nouvelle aux pauvres ». Quelle est cette bonne nouvelle qu'on peut annoncer au pauvre ? Cette bonne nouvelle ne peut être un changement positif, une amélioration de leur condition de vie, une vie nouvelle. Ici, Jésus apporte de l'espoir et des solutions aux différents problèmes cité entre autres : « Guérir ce qui ont les cœurs brisés, proclamer au captif la délivrance, et aux aveugles le recouvrement de la vue, pour renvoyer libres les opprimés ». Les maladies devraient-ils être guéris, oui ou non ? Oui, les captifs devraient-ils être libérés, oui ou non ? Oui. Les pauvres devraient-ils rester pauvres ? Non. Les opprimés devraient-ils être renvoyés libres, oui ou non ? Oui ; Toute situation négative dans la vie doit être réglée.

Tout esprit pessimiste provient de la programmation négative, comme celui de la pauvreté. En principe, Christ disait clairement qu'il a amené une bonne nouvelle aux pauvres pour vaincre la pauvreté, aux malades pour obtenir la guérison, aux opprimés pour obtenir la liberté. Il est temps de prendre la pauvreté comme un manque, une médiocrité à vaincre avec l'aide du Christ le Rédempteur. Jésus a le secret de la richesse, il a le remède contre la pauvreté et il est inadmissible que les chrétiens demeurent dans l'extrême pauvreté, et pourtant ils ont un Jésus très riche. Ricardo Kanyama (2022 : 159) présente Jésus comme un grand riche en ces paroles : « Le Christ doit être perçu comme un grand riche. En effet, il avait en lui une capacité infinie de résoudre les problèmes des autres. Instantanément, il pouvait guérir les malades, changer l'eau en vain, ressusciter les morts ou marcher sur les eaux. Il n'avait pas besoin, comme Asakengler, de construire de grandes usines pour produire du Coca-Cola ». C'est formidable, ce que Jésus a fait aucun riche dans le monde ne pourra. La richesse de Jésus est illimitée et il résout tout genre de problèmes, même ceux dont l'argent ne peut pas résoudre. Malencontreusement, les chrétiens sont les plus pauvres dans le monde à cause des interprétations erronées de la Bible. C'est dans le même sens qu'Osée 4 : 6 affirme que « Mon peuple est détruit, parce qu'il lui manque la connaissance. Puisque tu as rejeté la connaissance, je te rejetterai, et tu seras dépouillé de mon sacerdoce ; puisque tu as oublié la loi de ton Dieu, j'oublierai aussi tes enfants ».

La Parole de Dieu est claire, c'est nous qui ignorons et parfois nous interprétons mal les passages bibliques. Jésus est notre Sauveur, s'il peut sauver notre vie, combien de fois résoudre nos petits problèmes. Il dispose d'une capacité infinie pour changer notre vie et pour transformer nos finances. Personne ne peut être plus riche que Christ parce que, il n'a pas besoin de créer les industries pour transformer les produits afin de créer des richesses. Lui, il a à l'instant tout ce qu'il a besoin. Aucun homme d'affaires n'a le pouvoir de Jésus. Les hommes d'affaires mobilisent les efforts d'investissement en termes d'infrastructures, de ressources humaines et de technologies, Jésus parle seulement les choses arrivent toutes seules. Ainsi, il a multiplié cinq pains et deux poissons et a ressuscité Lazare après trois jours sous la terre. Le pouvoir de la richesse de Dieu est au-delà du matériel et le qualifie comme Créateur et propriétaire de tout ce qui existe.

Chaque homme doit savoir que c'est Dieu qui est le vrai propriétaire de nous-même et de tout ce que nous possédons. C'est une vérité qui résonne dans les enseignements adventistes et explique en même temps la raison pour laquelle nous devons l'obéir dans tous les aspects de la vie. C'est le donateur, le possesseur ou détenteur de tous les biens matériels ou immatériels de tout l'univers. Les chrétiens sont appelés à sortir de la médiocrité financière et changer leur pauvreté en richesse. Cela est très possible parce que nous avons un Jésus très riche et sa richesse est infinie. Nous devons se baser sur Christ pour déclencher la dynamique de la prospérité. Il est un Dieu de la prospérité et non de la médiocrité.

Il faut toujours nourrir le désir de la prospérité pour sortir de la pauvreté. La pauvreté n'est pas une fatalité, mais une situation qui exige une amélioration et un changement radical. Plusieurs sont nés pauvres, mais grâce aux fruits de leur dur labeur ont réussi à vaincre la pauvreté. Nul n'était leur effort ardu, ils devraient demeurer dans la misère extrême. Pour sortir de la médiocrité, il faut développer un extrême désir de la prospérité. Soutenant ce point de vue, Zig Ziglar (2015 : 349) affirme que « Cet ingrédient permet à une personne de capacité moyenne, de compétitionner avec succès contre ceux qui ont un potentiel bien meilleur. Le désir est l'extra qui fait les petites différences et ces dernières différences se font la grande différence dans la vie ».

Ce livre a pour objectif de révéler les résonances adventistes riches en valeurs axiologiques pouvant révolutionner les jeunes gens à changer les paradigmes de leurs pensées. Les enseignements des écrits prophétiques de cette dame entrent en droite ligne avec les Saintes Écritures qui abondent les secrets pertinents de notre ère. Cet ouvrage met en exergue les résonances adventistes calquées sur le système de valeurs axiologiques et les vérités sacrées qui constituent des véritables réponses à tous les défis de notre génération. Les jeunes sont la première cible de ces messages parce qu'ils sont ceux dont le monde compte beaucoup pour apporter le changement et la prospérité. Ce livre dévoile également le secret du succès contenu dans la Parole de Dieu et les écrits prophétiques adventistes. Il est aussi un miroir qui reflète des savoirs sacrés adventistes pour un monde meilleur qui se fera par les hommes rendus compétents par le Créateur grâce à leur obéissance totale à ses voies. Ceux qui liront et pourrons appliquer ces principes sacrés changeront certainement leur perception du monde.

Les études adventistes à travers les brochures de l'école du sabbat et d'autres documents de séminaires déconseillent fermement la paresse, le pessimisme et la médiocrité. Ces études de vantent significativement les valeurs telles que la bravoure, la persévérance, la ténacité, le courage, la performance, l'intégrité, la détermination et l'excellence comme les hautes valeurs à transmettre aux enfants dès les bas âges. Nul n'était possible si Jésus et ses disciples encourageaient la paresse et la médiocrité. Ils étaient à leur temps les personnes dont le monde avait le plus besoin, des personnes qui ont bouleversé le monde grâce à la qualité de leurs paroles et la vérité enseignée. Il faut noter que les richesses de ce monde ne pourront jamais nous donner le passeport pour le ciel, mais ce n'est que par la grâce de Dieu manifestée en Jésus que nous pouvons avoir la vie éternelle. Les jeunes doivent se consacrer à l'œuvre de Dieu qui est l'idéal élevé et la raison de leur existence sur la terre. Ellen White (1968 : 188) soutient que « Les jeunes gens qui se consacrent au service de Dieu ne deviennent pas de faibles d'esprit et des incapables ».

Les jeunes sont appelés à exceller dans les domaines de profession comme désir l'Éternel pour être de grandes personnalités (président, ministre, sénateur, député, général d'armée, opérateur économique, roi) dans le milieu là où Dieu les a placés. Il n'est pas interdit d'être une grande personnalité dans la société. Mais plutôt le livre de Romains 13 : 1 déclare que « Que toute personne soit soumise aux autorités supérieures ; Car il n'y a point l'autorité qui ne viennent de Dieu, et les autorités qui existent ont été institués de Dieu ». La Parole de Dieu est fidèle et ne change pas, tous ceux qui ont expérimenté Dieu dans une intimité profonde avec lui, on put devenir des grandes personnalités dans leur société. Nous pouvons citer l'exemple de Daniel et Joseph qui sont passés par les obstacles, mais sont arrivés au palais du roi. Aujourd'hui, le monde a besoin des nouvelles bases pour solutionner les problèmes actuels.

À travers des nouvelles idées et outils de la nouvelle technologie nous pouvons transformer nos rêves en réalité. Napoléon Hill (2012 : 45) propose que « Derrière cette demande pour les choses meilleures, il y a une chose qu'on se doit d'avoir si l'on veut réussir et c'est un objectif bien défini : savoir ce que l'on veut, et éprouver un ardent désir d'y arriver ». Il est évident de signaler que le désir est l'énergie essentielle qui dynamise l'action du succès.

De nos jours, les réseaux sociaux peuvent être considérés comme un mal nécessaire. Plusieurs jeunes et même de grandes personnes sont addictes aux réseaux sociaux et ne trouvent plus assez de temps pour se concentrer dans le travail. C'est un réel problème aujourd'hui, le mauvais usage de l'Internet. Cela est à l'origine de la baisse de niveau scolaire, des compétences dans plusieurs secteurs à cause du temps consacré au téléphone et aux TIC. Brian Tracy (2017 : 106) aborde la même idée par ces termes : « Lorsque les gens sont trop branchés, la technologie de communication en vient vite à créer en eux une dépendance destructrice ». Ce constat est réel dans notre société que ce soit au bureau ou à la maison, les gens sont connectés à la longueur de la journée et parfois même la nuit. Ceci diminue le rendement et cause d'autres addictions et plusieurs déviances sociales.

En plus de secret qui ont été donné, il faut avoir une discipline de l'usage du téléphone pour que son effort soit efficace dans la quête de l'excellence et la prospérité. Beaucoup de jeunes échouent parce qu'ils n'étudient pas, mais ils sont toujours connectés sur Facebook, WhatsApp et Instagram. Les réseaux sont aussi les puissants moyens que le diable utilise pour dérouter le monde de la réalité et embrasser le virtuel avec ses diverses destructions de la morale et les valeurs humaines. Certes, le chemin de la prospérité n'est pas toujours aisé, mais en se conformant à la parole sacrée qui est source même de l'excellence, nous pourrons y parvenir au sommet. Les résonances adventistes sont optimistes, pertinentes et garantissent un avenir meilleur par l'entremise de Dieu.

5.2.3. Bon aujourd'hui, meilleur demain

Le système de valeurs adventistes prône l'intégrité et la fidélité comme des principes nobles qui favorisent le progrès et l'excellence. La réussite a toujours été le fruit de la mise en application des vérités bibliques. Les jeunes aspirants à devenir de grandes personnes de demain doivent se préparer aujourd'hui. Le succès n'apparaît pas subitement, c'est le résultat des efforts consentis durant une longue période. Ce que chacun fait aujourd'hui, déterminera ce qu'il sera demain. Ainsi, les formations dans les mouvements de la jeunesse préparent les jeunes à être bon aujourd'hui pour être meilleur demain. Le succès est un processus évolutif et continuel. De même, l'échec ne vient pas aussi brusquement, c'est le résultat des insuffisances du passé. Si on est mauvais aujourd'hui, et si on demeure dans cette posture sans changement, on pourra être plus mauvais demain. De la même sorte, si on est bon aujourd'hui et on continue dans la même direction, on sera meilleur demain.

Il est judicieux de signaler que ceux qui se laissent guider par Dieu arrivent toujours à la bonne destination. Dieu demeure le guide le plus sûr, parce qu'il connaît l'avenir de tout le monde. Il est Omniscient, Omnipotent et Omniprésent, c'est-à-dire, il connaît le passé, le présent et le futur et rien ne lui échappe au contrôle. C'est une vérité enseignée par la jeunesse adventiste à travers leurs différents programmes de formation. Sans doute, ceux qui sont dirigés par l'Esprit de Dieu s'améliorent quotidiennement et arrivent toujours au bon port quel qu'en soient les circonstances. C'est l'idée que soutient John Maxwell (1995 : 191) que « Quand je vis dans la sécurité du Christ, je peux me permettre de courir des risques dans ma vie. Seule l'être inquiet ne peut se permettre de risquer l'échec. Les êtres sûrs peuvent admettre leur échec. Ils sont capables de rechercher de l'aide et de recommencer. Ils peuvent changer ». La présence de Dieu dans notre vie nous rend courageux et nous donne la force de surmonter nos peurs pour prendre des risques positifs.

La résonance adventiste de la jeunesse enseigne aux jeunes une attitude de dépendance totale de Dieu, parce que dans la vie on peut être abandonné même par nos parents et membres de famille, mais Dieu jamais n'abandonne personne, même dans les moments les plus horribles de notre vie ; Dieu est toujours présent pour nous assister. C'est pour cette raison qu'Ellen White (1968 : 24) déclare que « La Parole de Dieu nous relève des principes les plus sublimes. Ces principes nous sont donnés pour rendre efficace nos efforts vers le bien, pour régler et équilibrer l'esprit, pour nous conduire vers l'idéal qu'il fait naître en nous ». Ces principes font partie des valeurs que prône la jeunesse adventiste, ainsi que les écrits prophétiques cette dame. La dépendance totale de Dieu est un grand secret de la réussite omniprésente dans les pages imprimées et les littératures adventistes.

Plusieurs cas de figures bibliques ont témoigné leur qualité de succès grâce à leur totale dépendance divine. Leur vécu demeure des exemples fascinants et émerveillant pour les lecteurs de la Bible. Aujourd'hui, nous vivons une vie difficile à cause de manque de considération de la Parole de Dieu. L'histoire de l'apôtre Paul nous montre que le succès n'a jamais été facile, mais avec Dieu on arrive toujours à vaincre les obstacles. John Maxwell (1995 : 192-193) examinant la vie de l'apôtre Paul résume ceci :« Toute sa vie, Paul subit d'incroyable épreuves : l'emprisonnement, la flagellation, la raclée, le fouet, le naufrage, l'indigence et l'épuisement. Pas tellement « La vie triomphante du chrétien » que nous visualisons souvent, diriez-vous ? Mais malgré ses épreuves et ses souffrances intenses, Paul conserva toujours une attitude reconnaissante et joyeuse ». L'analyse approfondie de la vie de Paul dévoile de lui l'audacité, la fidélité, la résilience, la détermination, la bravoure, la persévérance et l'intégrité à suivre sa mission jusqu'au bout. De tel exemple est à copier par les jeunes de notre temps. C'est un exemple à imiter dans tous les domaines de service, soit missionnaire ou soit évangélique et autres.

En tant que jeune chrétien, nous devons savoir prendre certains personnages bibliques comme des repères, nous devons imiter leur parcourt pour construire notre destinée. Alors que le monde s'assombrit dans le spiritisme et ses conséquences, les jeunes chrétiens doivent collaborer avec Dieu, afin de bâtir un avenir meilleur. L'histoire triomphante de Paul nous permet de comprendre la puissance de la foi en Dieu et démontre que la foi est un fondement biblique qui construit une attitude positive.

La Parole de Dieu encourage et nous guide à transformer nos vies. Être en Dieu, c'est être en sécurité totale. La prière est nécessaire pour rester en connexion avec Dieu. Tous ceux qui ont triomphés dans leur combat de la vie étaient des hommes et femmes de prière. Ainsi, John Maxwell (1995 : 196) affirme que « La prière efficace repose sur une attitude de confiance envers Dieu. L'élan de notre confiance doit se faire sous la tutelle de Dieu ». Ceux qui sont restés intègres dans une communion sincère avec Dieu ; ont eu à l'expérimenter au travers de leur prière. Une vie de prière a une grande efficacité dans le combat de la vie. En effet, la prière ne rend pas les épreuves faciles ou n'empêche pas l'arrivée des épreuves, mais elle rend l'homme compétent et capable de les surmonter quel qu'en soit leur férocité. Tout ce qui est impossible par la chair est possible par l'esprit.

La prière nous connecte à Dieu pour recevoir la clairvoyance spirituelle et façonner notre caractère pour nous préparer à un avenir meilleur. Dans le même sens, Ellen White (1976 : 93) précise que « Le même esprit qui fut envoyé à la place de Jésus pour instruire ses premiers collaborateurs est chargé d'instruire ceux d'aujourd'hui ».

La présence du Saint-Esprit dans la vie des hommes de notre génération produit les mêmes résultats qu'autrefois. L'éducation adventiste met la crainte de l'Éternel à la base de tous les processus éducationnels dans le but de former l'homme dont le monde d'aujourd'hui a le plus besoin. Cette éducation réside dans les Saintes Écritures et les écrits prophétiques estampés de vérités sacrées et des secrets révélés par Dieu à son peuple, afin de bâtir un monde meilleur. La résonance adventiste visible dans le système de valeurs enseignées dans les écoles et universités adventistes n'est que les résultantes des vérités et secrets contenus dans la Parole de Dieu et les écrits prophétiques.

Les résonances adventistes de l'éducation se fondent toujours sur la bravoure des personnages bibliques et les héros de la foi qui peuvent inspirer les jeunes de notre époque à suivre leurs exemples. Au regard de la situation de jeunes de notre ère qui vont à perte de vitesse et des repères, les enseignements adventistes et plus précisément l'éducation fondée sur la lumière des Sainte Écritures et les écrits prophétiques, disposent des secrets du monde actuel. Et si ces enseignements sont bien assimilés ; Ils pourront former des jeunes intègres et capables de relever les défis de leur génération. C'est dans ce but qu'Ellen White (1968 : 24) rappelle les exemples pertinents tirés de la vie de Joseph, Daniel et ses compagnons en ces termes :« Les vies de Joseph, de Daniel et de ses compagnons nous font voir la chaîne d'or de la vérité qui peut unir la jeunesse au trône de Dieu. Rien ne pouvait les détourner de leur marche intègre. Il préférerait la faveur de Dieu à celle des Princes : c'est pourquoi Dieu les a aimés et protégés ». La vie de ces personnages bibliques doive inspirer les jeunes de notre époque à faire de leur existence une histoire, un exemple et un idéal élevé à suivre. Cela est encore possible si les jeunes se donnent entièrement à Dieu et se laisse guider par Dieu. Voilà, les exemples bibliques à imiter par les jeunes d'aujourd'hui.

Les qualités adventistes qui sont transmises aux jeunes par les formations et les pages imprimées définissent clairement la philosophie éducative adventiste. Cette éducation qui considère la crainte de Dieu comme semence enterrée de la sagesse et de réussite. Une éducation axée sur les vérités sacrées et les secrets prophétiques d'Ellen White visent à façonner un homme intègre, un homme fidèle à son devoir dont le monde a le plus besoin pour faire face aux réalités de son temps.

ÉPILOGUE

En résumé, il s'est agi d'explorer la pertinence d'*Éducation adventiste : une résonnance pour un avenir meilleur* qui sous-tend les différentes valeurs bibliques et axiologiques de l'éducation adventiste telles qu'elles découlent des Saintes Écritures et les écrits prophétiques d'Ellen White. Ces méthodes pratiques et efficaces destinées à vous aider à réussir votre vie, vous apprend à avoir confiance en Dieu et à transformer les obstacles en opportunités.

Les illustrations bibliques citées sont vraies et témoignent l'exemple des personnes qui ont cru et ont appliqué ces méthodes bibliques. Ces témoignages fascinants prouvent que les jeunes gens de notre génération peuvent aussi obtenir les mêmes résultats. Mais une simple lecture ne suffit pas, je vous exhorte maintenant d'appliquer chacune des méthodes et conseils qui y sont présentés. J'ai écrit ce livre avec l'extrême désir d'édifier la jeunesse et aider les jeunes à se confier à Dieu le Créateur. J'ai une assurance absolue à sa parole et les principes exposés ici. Leur efficacité a été confirmée et vérifiée par le laboratoire des expériences spirituelles visible dans l'histoire extraordinaire de héros bibliques, à l'instar de Joseph et Daniel.

Enfin, je prie pour vous, Dieu aide à construire ce caractère pour que vous soyez des jeunes hommes et filles que le monde d'aujourd'hui a le plus besoin au regard des multiples défis actuels à relever. Et pour cela, ayez la foi et soyez richement heureux.

L'auteur

RÉFÉRENCES BIBLIOGRAPHIQUES

—BRYAN TRACY (2017). *Avaler le crapaud*, Édition du trésor caché, Canada.

—CLÉMENCY MITCHELL (2013). *Nutrition et santé tout ce qu'il faut savoir*, maison d'édition interaméricaine, Floride, États-Unis d'Amérique.

—DALE CARNEGIE (1994). *Comment trouver le leader en vous*, Hachette livre, Paris.

—ELLEN WHITE (1976). *Éducation*, Édition S.D.T, Dammarie les lys, France.

— (1998). *Conseil sur la conduite sexuelle, l'adultère et le divorce*, maison d'édition interaméricaine, Miami, Florida.

— (S.D). *Connexion avec Jésus*, Everlasting, Gospel Publishing association, Séoul, Korea.

— (2013). *Le grand espoir*, White publications, Review en Hérald, Kenya, Nairobi.

— (1968). *Messages à la jeunesse*, Éditions Interaméricaines, Mountain View, California.

— EVINA MENDOMO, J. J. (2023). *Qu'y a-t-il d'impossible dans la possibilité ?*, Édition Intellect, Yaoundé.

— HYMNES ET LOUANGES. (2018). Imprimerie adventiste, édition janvier 2018, Yaoundé.

— KANYAMA, R. (2020). *La chèvre de ma mère*, International succès Training Center, Kinshasa Gombe / RDC.

— KIYOSAKI R. T. (2014). *Le quadrant du Cashflow*, Un monde différent, Canada.

— (2014). *Père riche père pauvre*, Un monde différent, Canada.

— LEHMAN R. (1987). *Les adventistes du septième jour*, Éditions Brépols, Belgique.

— MAXWELL, J.C (1995). *La clé de votre réussite personnelle*, Un monde différent, Nashville, Tennessee.

— MURPHY J. (2010). *La puissance de votre subconscient*, Les Éditions de l'Homme, Québec.

— NAPOLÉON HILL (2012). *Réfléchissez et devenez riche*, Les Éditions de l'Homme, Canada.

— NORMAN PEALE V. (2006). *La puissance de la pensée positive*, Les Éditions de l'homme, Montréal.

— RON COLEMAN et BARRIE G. (1998). *Conseil pour devenir un meilleur manager*, Éditions de Vecchi, Paris.

— RYAN HOLIDAY (2018). *L'obstacle est le chemin*, Alisio, Leduc. S, Paris.

— SCHWARTZ, D. J. (2015). *La magie de voir grand*, Un monde différent, Canada.

— WILLIE et ELAINE O. (2018). *Espoir pour les familles d'aujourd'hui*, Reviews en Hérald, publishing association.

— ZIG ZIGLAR. (2015). *Rendez-vous au sommet*, Un monde différent, Canada.

INDEX DES TEXTES BIBLIQUES

Chapitre 1

-1 Corinthiens 6 :11
-1 Corinthiens 6 : 13
-Genèse 1 :29
-Exode 20 : 12
-Exode 22.11
-Proverbes 12 :27
-Galates 6 :7-10
-Apocalypse 14 :6
-Genèse 1 :1
-Proverbes 1 : 7

Chapitre 2
-Lévitiques 18 :22
-Lévitiques 20 : 13
-Ézéchiel 16 :49-50
-Lévitiques 18 :22
-Jude 7
-Jacques 2.27
-1 Rois 19 : 21

Chapitre 3
-Osée 4 :6-8
-Proverbes 9 :10
-Jean 1 :11
-Apocalypse 2 :5
-2 Samuel 11 :25

Chapitre 4
-Galates 6 2.9.
-Genèse 37 :2
-Genève 39 :1
-Genèse 40 :3
-Genèse 41 :41
-Philippiens 4 :6

Chapitre 5
-Genèse 49 : 22-26
-Psaumes 105 : 21-22
-Exode 34 : 6-7
-Ésaïe 11 :2
-Deutéronome 28 : 2-13
-Psaumes 127 :11

-Agée 2 : 8
-Luc 4 :18-19
-Romains 13 :1

Printed by Books on Demand GmbH, Norderstedt / Germany